经济学名著译丛

Game Theory and Economic Modelling

博弈论与经济模型

〔美〕戴维·M.克雷普斯 著

邓方 译

Game Theory and Economic Modelling

David M. Kreps
GAME THEORY AND ECONOMIC MODELLING
© David M. Kreps 1990

Game Theory and Economic Modelling, First Edition was originally published in English in 1990, This translation is published by arrangement with Oxford University Press.

译　者　序

本书作者戴维·M. 克雷普斯(David M. Kreps)是美国斯坦福大学(Stanford University)商学院的经济学教授。克雷普斯教授的这部著作自 1990 年由牛津大学出版社出版以来，畅销至今。1991 年，这本书重印了两次，1992 年，再一次重印。

克雷普斯教授的这部著作之所以受到广泛重视，有三个主要原因。

第一个原因，自 1980 年代以来，博弈论(game theory)逐渐成为经济学的一种重要研究方法。博弈论本身不涉及经济问题，这种理论是一种分析工具，它研究"怎样以数学模型模拟理性决策者之间的冲突与合作"(迈尔森，1992)。[①]"由于冲突与合作的结果依赖于所有人所作的选择，每个决策者都企图预测其他人可能的抉择，以确定自己的最佳决策。如何合理地进行这些相互依存的战略策划便是博弈论的主题"(《简明不列颠百科全书》，1984)。[②]现代博弈论对于扩展和精炼战略思想上的一般论述具有重大影响。因此，它成为经济学极其有用的分析工具。哈佛大学经济学

---

① Roger B. Myerson, *Game Theory: Analysis of Conflict* (Harvard University Press, 1991).

② *Concise Encyclopaedia Britannica*, 1984.

教授曼昆(N. Gregory Mankiw)指出(1992):"自 1980 年代以来,博弈论几乎应用于经济学的所有领域——工业组织、国际贸易、劳动经济以及宏观经济学等。在所有这些领域,博弈论都成功地更新了原有的研究方法。"①

"博弈论对于经济分析最重要的贡献,是帮助人们提出问题,并提供模型解决相应问题。……博弈论的模拟技术使人们把注意力集中于研究竞争性互动的动态特征以及专有信息;这些问题的提出使得互动结构(the mechanics of the interaction)——谁做什么?何时做?掌握哪些信息?(who does what when with what information)——成为研究重点"(克雷普斯,1990)。② 为什么研究和理解经济领域的互动结构具有重要意义?因为互动结构是一种社会结构,长期以来,"经济学家一直试图理解个人行为与社会结构之间的关系"(温希普和罗森,1988)。③ 博弈论为达成此一目的作出了重要贡献。

以微观经济学为例,当经济学家研究个体行动者(消费者或公司)的行为怎样相互结合时,总是以"价格"刻画系统特征。实则,有关价格机制的许多问题尚未弄清。价格是怎样确定的?价格的形成怎样反映了消费者的行动?为了解决这些问题,需要一种理

---

① Robert Gibbons, *Game Theory for Applied Economists* (Princeton University Press,1992).

② David M. Kreps, *Game Theory and Economic Modelling* (Oxford University Press,1990),p.87.

③ Christopher Winship and Sherwin Rosen"Introduction:Sociological and Economic Approaches to the Analysis of Social Structure",1988. *American Journal Sociology*,Volume 94.

论,以便更为详尽地说明个人选择与他人选择及其相应后果之间的关系。博弈论正是这样一种理论。因此,自 1970 年代末,博弈论在微观经济学中得到广泛应用。

第二个原因,博弈论的应用不限于经济学,在社会科学的其他领域,例如:政治学、法学、社会学等,博弈论正在成为极其有用的分析工具。

近一二十年,社会科学正在酝酿着某种突破性的进展,与传统社会科学的根本差别在于,现代社会科学的理论基础是经济学的个人行为理论。美国得克萨斯大学政治学教授奥德舒克*(Peter C. Ordeshook)指出:"经济学的贡献在于,它为所有其他社会科学提供了一种基本观点,即理解群体行动的唯一正确途径是理解组成群体的个人,怎样为了实现既定目标而作出各自的选择。"①全美社会学会主席科尔曼(James S. Coleman)教授认为(1990):"目前,社会科学界正在开展一系列学术探索,在伦理学、道德哲学、政治学、经济学和法学领域内,人们正在试图把理论置于如下基础之上:人是具有目的性和责任感的行动者。"②在这些领域内,呈现出相互取长补短的繁荣景象。

博弈论为促进现代社会科学的发展作出了重要贡献。以政治学为例,现代政治学试图以数学模型模拟选举过程、候选人的策

---

* 他的主要著作《博弈论与政治理论》出版于 1986 年,并于 1987 年、1988 年、1989 年三次重印。——译者

① Peter C. Ordeshook, *Game Theory and Political Theory* (Cambridge University Press, 1986).

② James S. Coleman, *Foundations of Social Theory* (Harvard University Press, 1990).

略、立法过程、国际关系以及其他政治、经济发展过程。这些政治形势的共同特点是,任何个体行动者(选民、议员、党派或者国家)的决策,都取决于其他行动者的决策及其相应后果。由此可知,"政治学理论的核心内容是研究各种相互依赖的决策过程。因此,以合理策划相互依存战略为主题的博弈论,必然成为基本的分析工具"(奥德舒克,1986年)。①

现代政治学的发展之所以得益于博弈论,另一个重要原因是博弈论可以预测竞争过程的均衡状态,即博弈论可以告诉人们,选民与议员、党派与国家怎样在不同条件下作出各种不同的决策。博弈论使现代政治学理论具有较大效力;与此相比,传统政治学则显得软弱无力;因为它只能对事件作类似新闻报导的解释,或者提供某些政治事件与环境因素之间的统计相关。

由此可知,博弈论与现代社会科学的发展密切相关。目前,在美国各主要大学,"博弈论"不仅是经济系的重要课程,而且也是其他社会科学各系的热门课程。

第三个原因,这本书虽篇幅不长,但全面介绍了博弈论的基本概念以及这种理论的成功之处、不足之处和发展前途,读后可以使人综观全貌。在这部书中,克雷普斯教授有意使用了非技术性语言,行文清晰流畅,通俗易懂。特别应当指出的是,阅读有关博弈论的绝大多数著作,都要具备相应的数学知识;但克雷普斯教授的这部著作,则突破了这种局限。任何对这一理论感兴趣的人,无论

---

① Peter C. Ordeshook, *Game Theory and Political Theory*(Cambridge University Press,1986).

你是否具备相应的数学知识,都可以毫无困难地阅读全书。因此,美国许多教授在讲授博弈论时,都将此书列入"必读教材"。

邹 方

于美国芝加哥大学

1996年8月

目　　录

第一章　引言 ·· 1
第二章　评价标准 ·· 3
第三章　非合作博弈理论的基本概念 ···························· 5
　　策略型博弈 ·· 5
　　展开型博弈 ·· 9
　　展开型和策略型博弈 ····································· 15
　　优势分析 ··· 20
　　纳什均衡 ··· 21
第四章　博弈论的成功 ······································· 29
　　以策略型博弈模型为基础的分类 ··························· 29
　　动态研究和展开型博弈模型 ······························· 32
　　难以置信的威胁和承诺 ··································· 36
　　不容怀疑的威胁和承诺：合作与名誉 ······················· 54
　　参与者了解对手策略的重要性 ····························· 65
　　掌握秘密信息的参与者互动 ······························· 70
　　结论 ··· 74
第五章　博弈论的问题 ······································· 79
　　要求明确无误的博弈方案 ································· 80

纳什均衡过多,以致无从选择……………………… 83
   以淘汰方式选择纳什均衡 ……………………………… 93
   博弈规则…………………………………………………… 113
第六章 有限理性与借鉴性………………………………… 117
   为什么研究纳什均衡……………………………………… 118
   关于有限理性与借鉴性的实例………………………… 133
   一种值得注意的研究方法……………………………… 137
   历史与现实事例………………………………………… 139
   对上述研究方法的反对与辩护………………………… 150
   相似性:演绎推理表现了有限理性和借鉴性………… 152
   博弈论的其他问题……………………………………… 159
结束语…………………………………………………………… 165
参考资料………………………………………………………… 166

第一章 引言

过去一二十年,经济学研究方法经历了一次渐进式革命——非合作博弈论(non-cooperative game theory)的用语、概念和技术逐渐占据经济学的中心地位。35年前,经济学家曾经设想用博弈论(game theory)解决经济问题,遗憾的是成效不大。20年前,人们开始在讲授工业组织的教科书中读到博弈论,但内容十分有限。至于宏观经济学、劳动经济学等经济学分支,于博弈论则知之少而又少。如今则大不同,在经济学的所有分支(或者和经济学有关的学科,如财政学、会计学、市场学、政治学),阅读近期文献的基本要求,是理解博弈论的核心概念——纳什均衡(Nash equilibrium)。我本人既长期研究博弈论,上述言论难避夸大之嫌。尽管如此,毋庸置疑的事实是,非合作博弈论的基本概念,已经成为经济系学生的主修内容。

何以发生上述变化?为什么博弈论在经济学领域如此流行?这种理论的缺陷是什么?经济学确乎习惯于追求研究方法的时髦,于博弈论不感兴趣的人自然指责热衷者将博弈论捧得过分。那么,非合作博弈论的前途如何?是像呼啦圈那样红极一时,还是将长期作为经济学的研究工具?换言之,这种分析方法怎样变化、发展,才能不断适应经济研究的需要?

本书试图回答上述问题。与此同时，我将介绍博弈论的基本概念，说明其长处和短处；以便读者了解经济学界经历的变化。我打算引用一些实例和图表，以免论述枯燥无味。

我一直积极提倡用博弈论进行经济分析。目前，我主要研究博弈论的缺陷。我今后的研究课题是博弈论的发展。我在本书阐述的是博弈论在经济学上的成功、失误以及进一步发展的个人意见。

与此同时，我自然属于一定的学派。在某种意义上，本书表达的也是集体意见。我在五年前写完本书第六章，可能被认为具有先见之明。但如果没有日益活跃的研究，我无法预测博弈论的发展。因而，书中有见地处应归功集体；而不足之处则归咎于我本人。

第二章 评价标准

我首先想说明的是评价博弈论的标准。我撰写此书的目的是帮助经济学家应用博弈论以理解预测经济现象。

有很多方法可以帮助我们理解和预测。例如,当实践证明某种模型不适用,失败的教训告诉我们应该怎样理解和预测。但更好的方法是应用切实可行的理论模型。

我在本书无意抽象讨论具有理性的个人(rational individuals)怎样互动,也不打算介绍博弈论在其他领域的应用。尽管经济学家可以借鉴他人,例如,学习生物学家应用博弈论的经验,但我认为时机尚未成熟。我并不怀疑抽象研究具有理性的个人怎样互动,能够帮助我们理解现实中的个人行为。然而,研究理论的目的应当是理解现实。如果理论无助于理解和预测现实经济问题,本书视其为失败的理论。

明确了上述评价标准,我要说明博弈论怎样帮助经济学家理解和预测。

1. 我认为正确理解是准确预测的前提。设想经济学家对经济问题进行预测;事后,他们运用理论模型深化了对相应问题的理解。如果他们再作预测,准确程度势必提高。

2. 博弈论本身不涉及经济问题,这种理论是经济分析的工具。

运用博弈论的概念和术语进行经济分析,是否能够深化我们的理解?答案各异。有人认为,不用博弈论的概念和术语,同样可以分析经济问题,博弈论不过是用来装点门面。答复这种批判并不容易。假定两组经济学家进行经济分析,第一组运用博弈论,第二组使用其他方法,若要考查第一组所作的经济分析是否优于第二组,只能依据个人具有的判断能力。

3. 博弈论由一系列规范性的数学模型组成,检验这些模型的方法是演绎推理。博弈论的数学模型,与传统经济理论的模型一样,至少有三个优点:

(1)为相互交流提供了清晰准确的语言。模型规定的各种假设,为分析不同条件下的经济现象,提供了便利。

(2)应用数学模型,可以检验各种认识在逻辑上是否一致。

(3)根据数学模型可以自结论回溯至假设,以便了解导致特定结论的假设条件。

由此可知,评价博弈论应当考查它怎样从以上三个方面帮助我们理解经济问题。俗话说,要想知道梨子的滋味,必须亲自去尝一尝。若要评价博弈论是否以及怎样成功地运用于经济分析,必须阅读有关文章和书籍,例如:让·蒂罗尔(Jean Tirole)的《工业组织理论》(*The Theory of Industrial Organization*, 1988)。本书不涉及博弈论的具体应用,只是从原则上阐明应用博弈论的利弊,以激发读者从事具体研究的兴趣。

第三章 非合作博弈理论的基本概念

博弈论包括两个主要部分：合作博弈理论(co-operative game theory)与非合作博弈理论(non-cooperativegame theory)。

二者的基本差别在于，非合作博弈理论的分析单位是参加博弈理论的参与者(player)，合作博弈理论的分析单位是群体(group)，更准确地说是一种联合体(coalition)。参与非合作博弈的参与者利用一切可能的机会，最大限度地获取个人利益。虽然他们可能合作，但这样做的前提是合作必须符合所有参与者的利益。任何参与者在其他参与者不破坏协定的情形下自行破坏合作是不理智的，因为他会遭到报复，而使处境恶化。合作博弈理论讨论群体(或联合体)利益怎样实现，而不涉及参与者的联合怎样影响博弈的结局。本书只讨论非合作博弈理论。

策略型博弈(Strategic form games)

在非合作博弈论中，博弈有两种不同的表述形式。最简单的一种叫策略型或常规型博弈(normal form game)。这种形式的博弈模型包括三个组成部分：

1．一批参与者(或称局中人)。

2. 每个参与者可能采取的各种策略(strategics)。

3. 对于参与者采取策略的不同组合(the set of strategy profiles)存在着相应的报酬(payoffs)组合。

此处举例予以说明。儿童们常玩"剪刀、石头、布"游戏,通常有两个参与者:儿童甲和儿童乙。每人每次可以从石头、剪刀、布中任选一种,这三种供选择的事物代表参与者可能采取的策略。游戏的结局有三种:甲赢或乙赢或平局。游戏结局取决于参与者采取的策略:如果两人选择的策略相同,游戏便是平局。如果甲选择石头,乙选择布,乙赢(布包住了石头)。如果甲选择石头,乙选择剪刀,甲赢(石头砸坏剪刀)。如果甲选择布,乙选择剪刀,乙赢(剪刀剪布)。假设赢者报酬为1,输者报酬为-1,如果游戏结果为平局,两人所得报酬分别为0,图3.1的模型可以代表上述博弈过程。

		儿童乙		
		石头	剪刀	布
儿童甲	石头	0,0	1,-1	-1,1
	剪刀	-1,1	0,0	1,-1
	布	1,-1	-1,1	0,0

图3.1 "剪刀、石头、布"游戏博弈模型

1. 由于两人对局,每个参与者有三种可能采取的策略,因而,两人采取策略的不同组合构成了3×3表。

2. 图3.1中,"行"代表甲的不同策略,"列"代表乙的不同策略。

第三章 非合作博弈理论的基本概念

3. 图 3.1 共有九个（3×3）方格，每格内有两个数字。第一个数字表示甲所得报酬，第二个数字代表乙所得报酬。例如：如果甲选择石头（第一行），乙选择布（第三列），那么，甲所得报酬是—1，乙所得报酬是 1，如果甲和乙分别选择第三行和第一列，所得报酬恰好相反。

这个博弈模型有两个特点。第一，这是两人博弈，可用二维表格（a two-dimensional table）描述博弈模型。第二，无论游戏结局如何，两人所得报酬总和都是零。因此，称这种博弈模型为零和博弈（从理论上看，总和是否为零关系不大，最重要的是总和等于一个常数。因此，人们常用"常数和博弈"代替"零和博弈"）。

上述特点在下例中都不存在。第二个例子包括三人博弈：甲、乙、丙。每人有三项策略可以选择：1、2、3。计算报酬的方法十分简单：用 4 乘以三人所选策略中最小的数字，再减去代表每人所选策略的数目。例如：甲选策略 3，乙选策略 2，丙选策略 3；三人所选策略中最小的数字是 2。因此，甲所得报酬是 $4\times2-3=5$，乙所得报酬是 $4\times2-2=6$，丙所得报酬是 $4\times2-3=5$。图 3.2 的模型代表上述博弈。

如图 3.2，甲选择行，乙选择列，丙则在三个不同表格中选择。图中共有二十七个（3×3×3）方格，每格内有三个数字，依次代表甲、乙、丙所得报酬。这种对策模型不是常数和对策。假设三人都选策略 3，每人所得报酬是 $4\times3-3=9$，三人所得报酬总和为 27。如果三人都选择策略 1，每人所得报酬是 $4\times1-1=3$，三人所得报酬总和等于 9。

参与者丙选择策略 1

		参与者乙 1	参与者乙 2	参与者乙 3
参与者甲	1	3,3,3	3,2,3	3,1,3
参与者甲	2	2,3,3	2,2,3	2,1,3
参与者甲	3	1,3,3	1,2,3	1,1,3

参与者丙选择策略 2

		参与者乙 1	参与者乙 2	参与者乙 3
参与者甲	1	3,3,2	3,2,2	3,1,2
参与者甲	2	2,3,2	6,6,6	6,5,6
参与者甲	3	1,3,2	5,6,6	5,5,6

参与者丙选择策略 3

		参与者乙 1	参与者乙 2	参与者乙 3
参与者甲	1	3,3,1	3,2,1	3,1,1
参与者甲	2	2,3,1	6,6,5	6,5,5
参与者甲	3	1,3,1	5,6,5	9,9,9

图 3.2 包括三个参与者的策略型博弈模型

展开型博弈（Extensive form games）

非合作博弈论中，博弈的第二种表述形式为展开型。在展开型策略中，研究重点是参与者采取行动的时间以及采取行动时所掌握的信息。图3.3、3.4、3.5是介绍展开型博弈的三个实例。

首先看图3.3，策略型博弈模型由四个部分组成：

1. 圆点：通常称之为结点（nodes）。
2. 数字向量（vectors of numbers）。
3. 箭头（arrows）：从某些结点引出，指向其他结点或数字向量。
4. 结点和箭头的标记（labels）。

在展开型博弈模型中，博弈按相应规则从开始到结束称为局，结点代表一局中的若干回合。在每个结点，相应的参与者必须作出选择。空心结点代表第一回合，其他都是实心结点。图3.3有三人博弈：甲、乙、丙，每个结点的标记表示在相应回合必须选择策略的参与者。如图3.3，甲在第一回合选择策略。

有三个箭头自初始结点（代表第一回合的结点）引出，它们的标记分是x、y、z。每个箭头代表一种可供选择的策略。因此，甲在第一回合可以从x、y、z中任选其一。上述三个箭头分别指向其他结点或数字向量。这意味着如果甲选择y，第二回合是乙在x和y之间任选其一。箭头x和y分别指向由三个数字组成的向量。箭头指向数字向量，表明参与者选择的策略使对局结束。数字向量代表参与者所得报酬（第一个数字代表甲所得报酬，第二、三个数字分别代表乙和丙所得报酬)。如图 3.3,如果甲选择 x,对局结束,甲所得报酬为 3,乙和丙的报酬分别为 0。假设甲在第一回合选择 y,第二回合乙选择 x,甲、乙、丙的报酬分别是 4,2,4。如果甲在对局开始选择 z,丙在第二回合选择 w,甲在第三回合选择 x',乙在第四回合选择 y',对局结果 2,3,1 分别代表甲、乙、丙三人所得报酬。

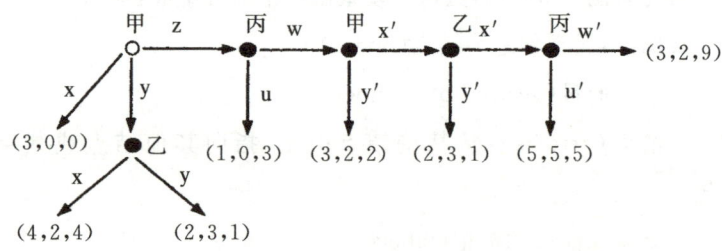

图 3.3　展开型博弈模型

展开型博弈模型有两项规则。第一,每个结点至少是一个箭头的起点(参与者至少可以选择一种策略);大多数结点同时是某个箭头的终点。准确地说,没有任何箭头指向初始结点,其余结点都是某些箭头的终点。因此,除了初始结点,从任何结点都可以逆箭头移动,直至返回初始结点。第二,从任何结点逆箭头移动,都不可能重新返回这一结点,因为逆向移动的唯一终点是初始结点。

由于上述规则,展开型博弈模型呈树状。博弈树的起点是初始结点,树枝生长蔓延直至数字向量。博弈树上任何枝权都不能合并,也不能逆向生长。因此,展开型博弈模型是树状图。

设想用博弈树模型模拟国际象棋。两个对弈者分执白子、黑子,白先黑后。白子在第一回合有二十种选择:把八个卒中的任何一个向前移动一格或两格,或者把两个马中的任何一个向左或向右移动。白子走了第一步,黑子必须决定自己的着数,依次轮流,直至终局。

用博弈树模拟国际象棋,需要作三点说明:

1. 平时我们说一局的某个回合,是指那个回合的棋局。相同棋局可能出自不同的步法。对弈者即便改变步法,在某个回合仍然可能导致相同棋局。可是在博弈树模型,从起点到代表某个回合的结点,只有一条途径。因此,通常所指的"一个回合"可以在博弈树模型找到一系列结点与之对应;这些结点表明,尽管参与者采取不同步法,但形成了相同棋局。

2. 国际象棋和"剪刀、石头、布"游戏一样,有三种结局:赢、输或平局。在博弈树模型,赢者报酬为$+1$,输者为-1,平局双方报酬为0。因此,这是典型的常数和博弈。

3. 有人认为展开型博弈模型无法模拟国际象棋,因为下棋的步法变幻无穷,永远没有终局。事实上,国际象棋规则排除了这种可能。根据规则,任一回合重复三次,或五十回合内双方未失一子,便宣告平局。因此,不可能出现无法模拟的局面。稍后,本书将讨论博弈组合的无穷序列(an infinite sequence of moves),但目前还不考虑。

怎样用展开型博弈模拟"剪刀、石头、布"游戏?这种游戏与图3.3的最大差别是,两个参与者的选择必须在同一时刻进行,或者说,任何人选择策略时,都不知道对方的策略是什么。

图3.4(a)是"剪刀、石头、布"游戏的展开型模型。图中空心

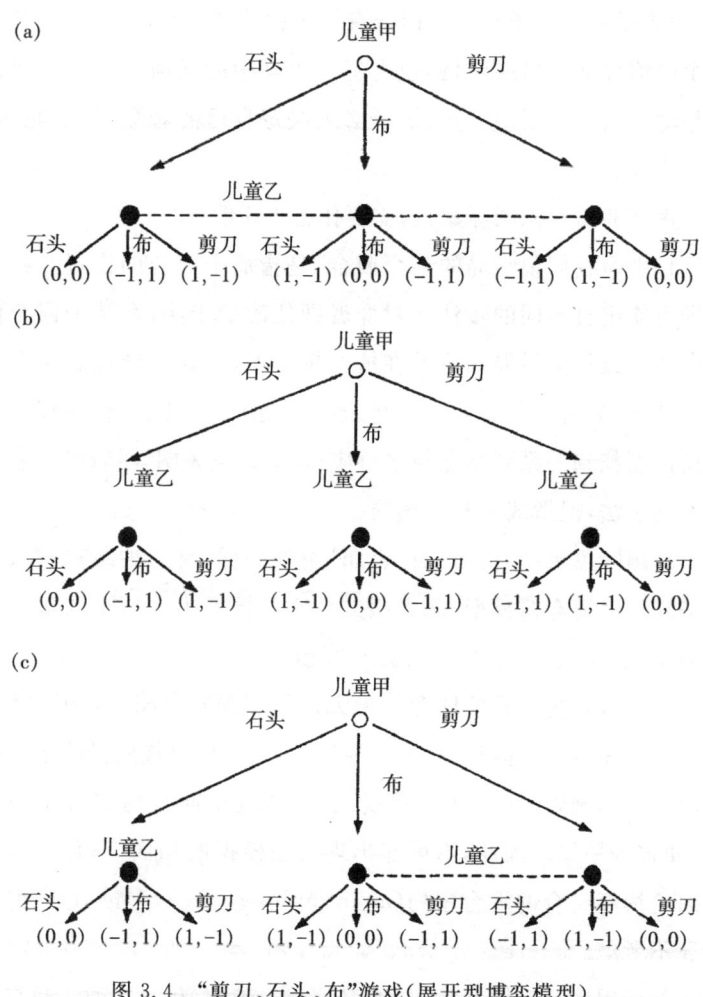

图 3.4 "剪刀、石头、布"游戏(展开型博弈模型)

结点代表游戏起点,依照结点标记,甲先作选择。初始结点是三个箭头的起点,表明甲有三种选择:石头、剪刀或布。上述箭头分别指向三个实心结点,在每个结点,乙面临三种选择:石头、剪刀或布。最后,九个箭头分别指向数字向量;其中,第一个数字是甲所得报酬,第二个数字是乙所得报酬。

图 3.4(a)与图 3.3 的差别是图中的虚线,它连接三个实心结点,虚线上的标记是儿童乙。这条虚线被称作信息线(an information set)。信息线在这里表示乙在第二回合不知道自己在哪个结点,即他不知道甲的策略是什么。图 3.4(b)没有信息线,表明乙已先查明甲的策略才作选择。这种游戏无趣而且不公正。图 3.4(c),信息线只连接两个结点,如果甲选择"石头",乙知道甲的策略。如果甲选择"剪刀"或"布",乙得到的信息仅仅是:甲没有选择"石头"。

如图 3.4(a),假定另一种博弈过程。甲、乙分处两个房间,乙先作选择,并把结果告诉裁判。裁判询问甲的策略,但不告诉他乙的策略。尽管乙先于甲选择,但甲不知道乙的策略是什么;因此,时间顺序在这里无关紧要。图 3.4(a)准确模拟了"剪刀、石头、布"游戏。从图 3.4 可知:

1. 谁是参与者?
2. 参与者可能选择哪些策略?
3. 每个参与者选择策略时,是否了解其他人的策略?

如果任何参与者选择策略时,了解其他人的策略,那么,选择顺序直接影响博弈结局。图 3.4(a)是两人博弈,参与者或者同时选择,或者在不知对方策略的前提下,先后选择。

在博弈模型中使用信息线,可以描述参与者的相互关系。在使用信息线时,有两点限制。第一,如果信息线连接两个结点,相应参与者只能选择其一，以便选择范围保持不变。如果参与者在两个结点同时选择策略，选择范围扩大了一倍。第二，稍后讨论的博弈模型假定参与者记忆力很强，他们记得自己曾经选择的策略和以往掌握的各种信息。

下例进一步说明使用信息线的意义，同时介绍展开型博弈模型的另一重要元素。

假定有一枚硬币，由于变形，抛高落下正面朝上的概率是80%。参与博弈的有甲、乙二人和裁判。首先.裁判抛硬币并把结果告诉甲；甲向乙通报真情或谎报；然后，乙猜测是"正面"还是"反面"。计算报酬的方法如下：乙若猜对了，可得10分；否则得0分。乙若答"正面"，甲得20分；如果甲没有欺骗乙，再加10分。

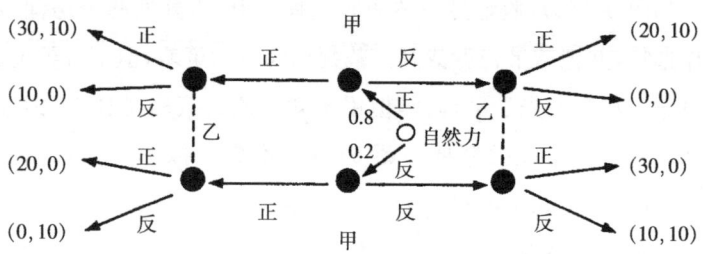

图 3.5 "抛硬币"游戏展开型博弈模型

图 3.5 是模拟"抛硬币"游戏的展开型模型。起点是图中心的空白结点；两个箭头自这个结点发出，标记分别为"正"和"反"，表示硬币落下两种可能的结果。初始结点的标记为"自然力"，因为硬币抛高落下的结果是自然选择。用自然选择可以描述博弈过程的随机因素，选择策略的参与者是自然力。尽管自然力不会得到

报酬,但在相应回合,它必须选择策略。如图 3.5,自然选择遵循某种概率,选择正面的机会是 80%,选择反面的可能性是 20%。依照惯例,所有参与者都遵循自然概率。

假定自然力选择正面,位于图上方中心的实心结点代表第二回合,甲必须在正反之间作出选择。如果自然力选择反面,则图下方中心结点代表第二回合,甲仍然面临两种选择:正或反。这里没有信息线,因为裁判把抛硬币的结果如实告诉了甲。

假定在第一回合,自然力选择正面;甲在第二回合也选择正面。图左上方结点代表第三回合,乙必须在正反之间任选其一。值得注意的是这个结点和左下方结点由一条信息线相连;同样,图右方也有一条信息线连结上下两个结点。首先看左侧信息线,标记为乙,表示乙在这条信息线上选择策略。位于这条信息线上方的结点表示自然力和甲都选择正面,下方结点表示自然力选择反面,甲选择正面。乙得到甲的通报,左右两条信息线代表两种可能的通报结果。但是,乙不知自然选择的结果。当甲告诉乙自然选择结果是正面,乙掌握的信息不足以判断左侧信息线连接的两个结点有什么不同。

如图 3.5,括弧内第一个数字是甲所得报酬,第二个是乙的报酬。

展开型和策略型博弈

上文讨论了两种博弈模型——展开型和策略型。两种模型之间有什么关系?假定展开型模型的参与者同时选择策略,那么每个展开型模型都有一个策略型模型与之对应。但是,与每个策略型模型对应的却不止一个展开型模型。

这里首先需要理解参与者在展开型模型的策略。如图3.5的"抛硬币"游戏模型,设想甲因故离去,并委托代理人遵照他的指令行事。甲的指令包括四种可能选择的策略:

甲1:如果自然力选择正面,通报乙"正面";如果自然力选择反面,通报乙"正面"。

甲2:如果自然力选择正面,通报乙"正面";如果自然力选择反面,通报乙"反面"。

甲3:如果自然力选择正面,通报乙"反面";如果自然力选择反面,通报乙"正面"。

甲4:如果自然力选择正面,通报乙"反面";如果自然力选择反面,通报乙"反面"。

这一指令包括了所有要求甲作出选择的情境以及相应策略。

与此同时,两条信息线表明乙面临两种境况,在每种境况有两种选择。因此,乙也有四种可能的策略:

乙1:如果甲通报"正面",答复"正面";如果甲通报"反面",答复"正面"。

乙2:如果甲通报"正面",答复"正面";如果甲通报"反面",答复"反面"。

乙3:如果甲通报"反面",答复"反面";如果甲通报"反面",答复"正面"。

乙4：如果甲通报"正面"，答复"反面"；如果甲通报"反面"，答复"反面"。

图 3.6 是"抛硬币"游戏策略型博弈模型。设想甲、乙都不能参加游戏，并委托代理人根据他们的指令行事。甲从图中第一行至第四行选择指令，乙同时从第一列至第四列进行选择。两人互不通报，所得策略组合便是策略型博弈模型。

需要说明图 3.6 中甲和乙的报酬。假定甲选择策略 2，乙选择策略 3，甲、乙所得报酬取决于抛掷硬币的结果。如果结果为正

参与者乙的策略

		1	2	3	4
参与者甲的策略	1	28,8	28,8	8,2	8,2
	2	30,8	26,10	14,0	10,2
	3	20,8	4,0	16,10	0,2
	4	22,8	2,2	22,8	2,2

图 3.6 "抛硬币"游戏策略型模型

面，甲根据策略 2 向乙通报"正面"，乙根据策略 3 答复"反面"。这种形势如图 3.5 左上方，甲的报酬是 10，乙的报酬是 0。如果抛掷硬币结果是反面，甲根据策略 2 向乙通报"反面"，乙根据策略 3 答复"正面"。这种形势如图 3.5 右下方，甲的报酬是 30，乙的报酬还是 0。根据自然选择概率，出现第一种情况的可能性是 80%，出现第二种情况的可能性是 20%。因此，甲 2 乙 3（甲选择策略 2，乙选择策略 3）策略组合的预期报酬是甲得 $14=(0.8)(10)+$

(0.2)(30)，乙得 0＝(0.8)(0)＋(0.2)(0)。图 3.6 与甲 2 乙 3 相对应的方格(14,0)是甲、乙所得报酬。其他方格内所得报酬的计算方法与此相同。

这里需要说明一个技术问题。因为博弈模型包括随机因素，所以应当计算预期报酬(如上文)。可以从两方面理解这种必要性。第一，购买彩票的人通常采用这种方法：一种彩票之所以优于另一种，是由于前一种的预期所得较高。第二，在不确定形势下选择策略，可以用"预期效益"代表各种彩票的不同报酬；然后，根据"预期效益"进行选择；从而使不确定的形势变得较为确定。

图 3.5 的展开型模型与图 3.6 的策略型模型是否相同？答案尚不肯定。本书稍后将介绍不同看法。可以肯定，两种模型是以不同方式模拟同一博弈过程，究竟采用哪种模型，应视方便而定。

上例表明怎样把展开型模型转变为策略型模型。其中，参与博弈的人未变，策略型模型中每个参与者可选择的策略与展开型模型中相应参与者的选择相同，后者只能在信息连接的两个结点任选其一。根据每个参与者的策略以及自然选择概率，可以计算各人所得报酬。

把策略型模型转化为展开型模型比较麻烦。任何策略型模型至少有一个展开型模型与之对应；在这个展开型模型中，两个参与者同时独立地选择策略。如图，3.7(a)是策略型模型，3.7(b)是与之对应的展开型模型。在图 3.7(b)，甲从上、下两种策略中任选一种，与此同时，乙独立地在左、右两种策略中任选一种。这里强调"同时与独立"是要表明乙在展开型模型中有一条信息线，即乙选择策略时，不知甲的策略。图 3.7(c)是与 3.7(a)对应的另一展开型模型。3.7(c)与3.7(b)的唯一不同是改变"时间顺序",即交换甲、乙二人的位置。甲的信息线表明,他在选择策略时,不知乙的策略。

图3.7(d)是与3.7(a)对应的另一种展开型模型。在图3.7(d),甲首先选择,乙了解甲的策略后才作选择。甲若选择"上",乙不需选择策略。上文曾经指出,策略型模型的重要特征是参与者"同时与独立"地作出选择。根据这个原则,不能说3.7(d)与3.7(a)对应。

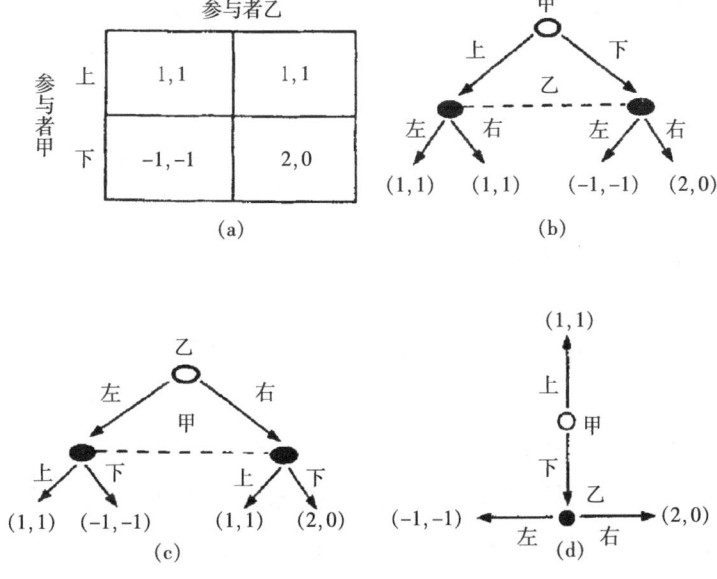

图3.7 策略型博弈模型和与之对应的展开型博弈模型

一般说来,任何策略型模型都有不止一个展开型模型与之对应。如果若干展开型模型都与同一策略型模型对应,在本质上,这些展开型模型没有差别。

优势(Dominance)分析

前已说明怎样用策略型模型或展开型模型模拟博弈过程,下一步将分析这些模型并作出预测。非合作博弈理论的两种模型求解技术(solution techniques)是优势分析和均衡(equilibrium)分析。

优势分析可以预测哪些情形不可能出现。图3.8(a)是策略型模型,一项合理的假设是甲在任何情况下都不选择策略X。因为无论乙采用哪种策略,甲选择策略Y,都可以获得较高报酬。优势分析的前提是甲追求较高报酬,以及甲能够辨认策略Y在任何情况下都胜于X,所以他从不选择X。

图3.8(a),根据优势分析所作的唯一预测是甲在任何情况下都不选择X。图3.8(b),甲的报酬未变,因此,策略Y仍然胜于X。如果乙能够觉察甲在任何情况下都不选择X,那么对乙来说,策略V在任何情况下都胜于U。应当注意,甲若采用策略X,乙选择策略U胜于V。除此之外,无论甲采用策略Y或Z,乙选择策略V均胜于U。因此,在图3.8(b),根据优势分析可以预测甲在任何情况下都不选择X;以此为前提,乙在任何情况下都不选择U。图3.8(b)的优势分析,其前提比较复杂。它除了假设甲追求较高报酬,以及甲能够辨认策略Y胜于X,还假设(1)乙同样追求较高报酬,以及乙能够辨认策略V胜于U。(2)乙必须对甲作出如下假设:甲不仅追求较高报酬,而且能够辨认策略Y胜于X。

这第二项假设值得详尽研究,它涉及一个参与者如何评估其他参与者。

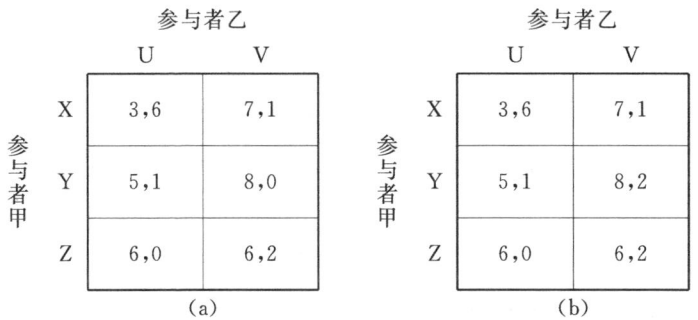

图 3.8 "优势分析"的应用

在图 3.8(b),应用优势分析可以进一步预测。由于策略 V 优于策略 U,所以乙在任何情况下都不选择 U。如果甲假设乙能辨认策略 V 胜于 U,那么甲在任何情况下都不选择 Z;因为当乙选择 V 时,甲选择 Y 胜于 Z。由此可知,最后的预测结果是:甲选择 Y,乙选择 V。

优势分析是根据同一逻辑进行的一系列分析,其中,称第一步分析为简单优势分析,即排除任一参与者在任何情况下都不可能采用的策略。以此为基础,进一步排除其他参与者在任何情况下都不可能选择的策略。后者称为重复优势分析或连续优势分析。

纳 什 均 衡

在某些情况下,如图 3.8(b),根据优势分析可以作出详尽的预测。但在其他形势下则不然。在后一种情况下,通常应用纳什均衡分析。

纳什均衡是一种策略组合。每个参与者各自选择策略,一旦实现纳什均衡,任何参与者都不再企图改变策略(如果有人改变策略,他所得的报酬必然减少)。如图3.2,纳什均衡是甲、乙、丙分别选择策略2。假定乙、丙分别选择策略2,甲采取策略1,可得报酬3;若采用策略2,报酬为6;若采用策略3,可得报酬5。因此,甲选择策略2,是对乙、丙所采取策略的最佳回应(best response)。同理,乙采用策略2,是对甲、丙所选策略的最佳回应;丙选择策略2,也是对甲、乙所采用策略的最佳回应。总之,纳什均衡的主要特征是,如果其他人已确定策略,任何人通过实现纳什均衡,都可以最大限度地获取自身利益。

上述定义体现了非合作博弈理论的精神。图3.9是著名的囚徒困境(the prisoners' dilemma)博弈,其中的纳什均衡是第二行与第二列结合(根据优势分析,第二行策略优于第一行,第二列策略优于第一列)。但是,如果两名囚徒共同改变策略,双方所得报酬均可增加。应当注意,这里研究的是非合作博弈理论。如果认为两名囚徒可以达成有约束力的协定:甲采用第一行策略,乙选择第一列,博弈过程将有所变化。策略型模型将包括如下策略:如果对方签约保证选择第一行(或列),你将签约保证选择第一列(或行)。展开型模型也要相应表明上述可能性。然而,这种可能性并不存在。因为图3.9是非合作博弈,参与者是同时而且相互独立地选择策略;他们之所以采取"不合作策略",是由于无法相互约束、无法惩罚违约者。

在某些博弈过程中,有不止一种纳什均衡。如图3.2,甲、乙、

第三章 非合作博弈理论的基本概念

丙分别选择策略 2 是纳什均衡,三人分别采用策略 1 是第二种纳什均衡,分别选择策略 3 是第三种纳什均衡。

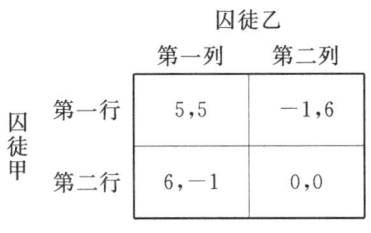

图 3.9 囚徒困境的博弈

问题随之而来。使用博弈理论模型分析经济问题,纳什均衡是模型的"解",经济学家据此对相应经济问题作出预测。如果纳什均衡不止一种,怎样确定模型的"解"?对此,尚无肯定答案。事实上,经济学应用博弈理论的许多争论正是由此而起。本书第五、六两章将讨论这个问题。

应当再次申明,研究博弈论是帮人们理解和预测经济现象。前一节讨论优势分析,不言而喻的前提是参与者只选择具有优势的策略。连续优势分析的前提是参与者以"其他参与者只选择优势策略"作为判断形势和选择策略的基础。如果上述前提不能成立,根据优势分析所作的预测势必使人误入歧途。但是,只要上述前提成立,优势分析是进行预测的有效手段。

纳什均衡分析的前提有所不同。在某些博弈过程中,所有参与者都很清楚自己和其他人应当采取哪一种策略。在这种情况下,实现纳什均衡的必要条件是选择过程一目了然;否则,参与博弈者将会认为,选择其他策略也可以实现个人最大利益。

如图 3.10(a),多数人认为模型的解是参与者甲选择"下",参与者乙选择"左"。求解结果之所以一目了然,是由于这个解体现了甲、乙两人的最大利益。如本例所示,如果每个参与者不仅认为选择过程一目了然,而且认为其他参与者也看得十分清楚,则每个参与者都会对其他人选择的策略作出最佳回应,其结果必然实现纳什均衡。

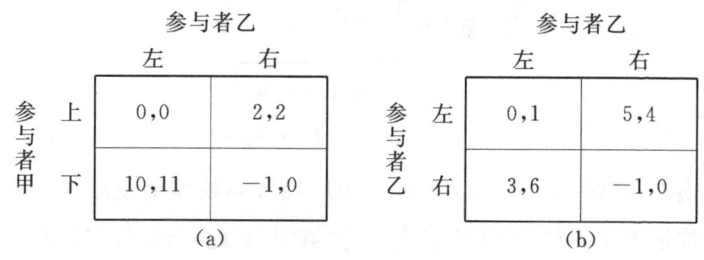

图 3.10 两个策略型博弈模型

并非在所有情况下选择过程都是一目了然。如图 3.10 (b)参与博弈的两个人互不相识,他们在博弈开始之前不能交流;自模型中也看不出明确的博弈过程。(模型中有两个纳什均衡:下-左和上-右。)

事实上,可以构建包括纳什均衡的模型,其选择过程并非一目了然;也可构建另一种模型,其中参与者选择的大多数策略与纳什均衡无关(详见第六章)。如果选择过程不是一目了然,以及参与者不能辨认明确的选择策略,分析纳什均衡便无从谈起。

由此可知,经济学家用纳什均衡分析经济问题,其前提是相应形势下存在(或将会存在)明确的博弈过程。通常情况下,他们并不解释为什么选择过程会一目了然,读者或者自己寻求答案,或者怀疑分析结果。有的经济学家在分析过程中应用限制条件:如果相应形势存在(或将会存在)明确的策略选择,那么实现纳什均衡是一种准确的预测。另外一些经济学家在分析过程中提出如下假设：

1. 相应形势下存在明确的策略选择；
2. 预测结果是纳什均衡。不过他们没有说明为什么第一项假设得以成立。

注意上一段的两个括弧。进行纳什均衡分析的基本原因在于参与者如果有机会事先交流,纳什均衡分析是进行预测的有效手段。参与者可以充分讨论各人应该选择哪种策略。无论意见是否一致,讨论过程就是博弈。如果他们达成某种协议,每个参与者不但本人不打算违背协议,而且相信其他人也将信守这个协议,那么这个协议必定是纳什均衡。换句话说,纳什均衡是所有参与者自愿实行的共同协议,这种协议在实行上没有障碍。以上论述意在说明为什么分析纳什均衡。事先协商可以达成所有参与者自愿实行的共同协议；透过分析纳什均衡,可以预测参与者可能达成的各种协议。如果深入研究一种或数种纳什均衡,便可从本质上理解特定形势下所有参与者可能达成的协议。

仅从事先协商这个角度理解为什么分析纳什均衡还很不够。因为在许多情况下,参与博弈者不能事先协商。例如：经济学的一个分支"工业组织",广泛应用博弈理论研究特定行业少数制造商控制市场的行为。在美国,如果制造商相互协商怎样控制市场,他们将受到法律制裁。为了进一步理解为什么分析纳什均衡,必须寻求其他原因,以解释为什么特定形势下,博弈过程一目了然。

图 3.10(a)描述了一种形势,其中即便没有事先协商,大多数

参与者都很清楚自己和其他人应当采取的策略。下面的例子与此类似。甲、乙两人博弈，裁判要求他们在下列九个城市进行选择：柏林、波恩、布达佩斯、伦敦、莫斯科、巴黎、布拉格、华沙和华盛顿。两人不能协商，甲的选择必须包括华盛顿，乙的方案必须包括莫斯科。计算所得报酬的方法是，如果两人选择方案不同，而且两个方案总计恰好为上述九个城市（一个城市在一个方案中只能出现一次），每人可得报酬100元。否则，报酬为零。甲、乙怎样选择才能各自赢得100元？

猜测甲和乙的选择方案并不难。甲的选择包括华盛顿、波恩、伦敦和巴黎。乙的选择是莫斯科、柏林、布达佩斯、布拉格和华沙。前者是北大西洋公约组织成员国的首都，再加上巴黎，后者是华沙条约成员国的首都。柏林究竟属于哪一方，可能最初令人困惑，但由于波恩属北约，上述疑难便可以解除。

设想另一种形势。选择范围是如下六个城市：柏林、伦敦、莫斯科、罗马、东京和华盛顿。甲必须选择柏林，乙的方案必须包括华盛顿。应当依据什么标准区分两组城市？轴心国与同盟国？东方与西方？太平洋沿岸国家与欧陆国家？在这种形势下，标准不甚清楚。

还有一种情况，仍以前面九个城市为选择范围。不同的是每个城市因其不同的文化艺术特征，有不同的得分。其中，巴黎得一百分，居首位；波恩居末位，只得六十分。甲、乙在选择时，并不知每个城市得分多少。裁判要求他要提出各自的选择方案。计算报酬的方法较为复杂，如果一个城市只出现于一种选择方案，选择这个城市的人所得报酬相当于城市得分（例如：选择巴黎，报酬为一百元)。如果一个城市同时出现在甲、乙两人的选择方案,则分别自甲、乙所得中扣除数量相当于这一城市得分两倍的报酬。如果甲、乙两人的方案总计恰好为上述九个城市(一个城市在一个方案中只出现一次),两人所得报酬加倍。甲、乙曾经成功地运用"北约-华约"作为依据,提出各自选择方案,但这次他们希望各自的方案能够包括较多城市。尽管如此,只要甲、乙都是聪明人,他们肯定还会按照前一次的成功经验进行选择。(我曾在美国学生中做过类似试验,以密西西比河为界,区分美国城市;成功率为80%。)

在某些情况下,参与博弈者似乎对于选择哪种策略胸有成竹。他们的经验从何而来?假定两人反复博弈,透过不断摸索,他们可以找到解决争执的折中方案。另外一种可能是参与者虽然没有共同博弈的经验,但他们各自经历过与所处博弈境况雷同的形势。按照惯例,他们知道应当选择哪种策略及其可能引起的反应。最后一种情况是参与者不仅没有共同博弈的经验,而且双方没有经历过类似的博弈形势,即便如此,他们也能够在博弈过程中察觉各种暗示(cues)。这种暗示的存在及其含义取决于参与决策的共同知识背景。例如:有些美国学生可能察觉不出"北约和华约"这类暗示。尽管如此,在许多情况下,暗示的确存在,并且可以成为参与者选择策略的依据。这种现象有助于说明为什么分析纳什均衡,因为各种暗示的含义恰好证明存在着实现纳什均衡的策略组合。

虽然日常生活中的经济问题不同于上述游戏博弈,但在某些经济形势下,"常规行为"(conventional modes of behavior)更为常见。只要参与决策者依照个人利益(指博弈模型中各人所得报酬)

及其惯例选择策略,"常规行为"就应当是纳什均衡。因此,应用"纳什均衡"分析经济问题,可以理解特定形势下可能出现的各种"常规行为"。

本章使用了较多篇幅讨论纳什均衡,可见其重要性。博弈论在经济学中的主要应用就是分析纳什均衡。除此之外,第五章和第六章也与纳什均衡有关。因为博弈论的主要缺陷是对以下问题尚无明确答案:在什么情况下应当进行均衡分析?为什么?如果不能进行均衡分析,应当怎么办?寻求上述问题的明确答案是进一步研究博弈论的重要课题。

第四章 博弈论的成功

博弈论于经济分析有哪些贡献？本章试图回答这个问题。本章主要讨论非合作博弈理论，因而不涉及合作博弈理论，特别是不涉及一般均衡理论（the theory of general equilibrium）对经济分析的贡献。

以策略型博弈模型为基础的分类

博弈论在发展初期已对经济分析有所贡献。它以策略型模型为基础，提供了区分不同经济形势的方法。读者一定还记得图3.9囚徒困境的博弈，这里仍以之为例说明博弈论提供的分类方法。图4.1在图3.9的基础上稍加改动。

		囚徒乙	
		拒绝检举	检举同伙
囚徒甲	拒绝检举	5,5	−1,6
	检举同伙	6,−1	0,0

图 4.1　囚徒困境的博弈模型

图4.1模型代表的博弈过程如下：警察逮捕了涉嫌一项罪行

的两名嫌疑犯（事实上，两人参与了这项犯罪）。由于证据不足，警方只能对其作短期拘留，不能定罪。两名嫌疑犯分处两间拘留室，警方诱使他们相互检举：如果两人都拒绝检举，警方将最大限度延长拘留时间。如果甲（或乙）检举乙（或甲），而甲（或乙）本人未被对方检举，警方将立即释放甲（或乙），乙（或甲）则由于顽抗而罪加一等。如果两人相互检举，虽然双双入狱，警方将念其检举有功，予以减刑。

在这一博弈过程，每个囚犯有四种可能的结局。最好的结局是检举对方而没有被检举。其次是两人均不检举同伙。较差的结局是检举对方，同时被对方检举。最差的是没有检举同伙，但被同伙检举。图4.1模型中代表参与者报酬的数字，大致反映了上述顺序（根据第三章介绍的优势分析，两名囚犯的最优策略都是"检举同伙"）。

许多经济形势与此类似。假定两个公司出售同样产品，公司甲登出减价广告，公司乙没有采取任何措施。公司甲将因销售量增加而获较高利润，公司乙则因滞销利润下降。如果两个公司竞相贱卖，双方纯利都将减少。只有两个公司签署协议，共同限制减价出售，双方利润才能增加。这种形势比上述囚徒困境博弈更为复杂，因为可以选择的策略不限于"减价出售"和"维持原价"两种。但是，就其原则而言，它与囚徒困境一例同属一类博弈形势。透过研究参与者在囚徒困境博弈过程中怎样互动，可以帮助我们理解上述两公司的相互竞争。

另一种类似的形势是两个国家有贸易往来，假定甲国采取一系列保护主义措施，乙国没有采取任何措施，甲国将因此获益。如

第四章 博弈论的成功

果两国竞相采取保护主义,双方利益同受损失。研究囚徒困境博弈,以及同类产品制造商的相互竞争,有助于制定合理的贸易政策。第三种类似的形势是两个税收系统(例如:两个州)竞相降低税率,以促进工业发展。总之,类似的形势不胜枚举。在这类形势下,均可见到囚徒困境的博弈结构。

在某些经济形势下,一种基本博弈过程反复出现,囚徒困境的博弈结构是一典型例子。但是,反复出现的基本博弈过程并非只此一种。代表另一种博弈过程的实例是夫妻之争(battle of the sexes)。参与博弈的是一对夫妻,他们商议晚间怎样娱乐。丈夫主张去看拳击比赛,妻子则要看芭蕾舞。然而,夫妻二人都认为一起参加娱乐活动比固执个人兴趣更为重要。图4.2的模型模拟了上述博弈过程。

		丈夫	
		拳击	芭蕾舞
妻子	拳击	4,5	0,0
	芭蕾舞	1,1	5,4

图 4.2 夫妻之争的博弈模型

上述模型代表一种博弈过程,它在许多经济形势中反复出现。参与博弈的两个(或更多)参与者试图协调行动,尽管他们对于如何协调往往存有歧见。第三章曾有一例,九个城市因其文化特征不同而得分不同,两个参与者各自选择的城市越多,所得报酬越高。那个例子即属"夫妻之争"代表的一类博弈过程。在工业组织学中,相互竞争的制造商分割市场也属这类博弈。另一种类似的形势是生产互补产品（鞋和袜子，网球拍和网球，面包和黄油等）的两个制造商期望采用适当方式协调生产，但出于某些原因，他们对于协调方式存有歧见。在政府财政学中，两个相邻的税收系统（例如：两个州）期望采取相同税制，以避免纳税人利用不同税制的差别从中渔利。然而，由于两个系统分属不同的政府机构，他们对于采取哪种税制，往往存有歧见。（这个例子与"夫妻之争"一例非常相似，因为两个税收系统都认为采取相同税制比各自迎合所属政府机构的偏好更为重要。）在劳动经济学中，劳资双方均期待达成协议，因为罢工于双方不利；但劳资分别期待对方采纳自己的协议草案。

这里不可能详尽介绍策略型博弈模型全部分类。但从以上两例可知：尽管以策略型模型为基础的分类有不足之处，但它的确反映了各种博弈形势的基本策略特征，从而使经济学家可以理解各种经济形势之间的区别和联系。

动态（Dynamics）研究和展开型博弈模型

前一节列举的各种博弈过程，无不具有动态特征，然而，简单的策略型模型无法反映这一特征。因此，许多经济学家认为使用策略型博弈模型模拟和分析经济形势过于简单，以至于用处不大。我认为，博弈论在经济分析中的影响之所以逐渐扩大，是由于它可以运用展开型博弈模型，分析竞争性互动的动态特征（the dynamic character of competitive interactions）。以下文字代表了本章主题：博弈论在经济学获得巨大成功的主要原因，是它提供了模拟

第四章 博弈论的成功

和分析动态性竞争互动(dynamic competitive interactions)的技术手段。

下面以贝恩(Bain,1956)及西罗斯-拉比尼(Sylos-Labini,1962)所著《工业组织学》的"阻截垄断理论"(the theory of an entry-deterring monopolist)为例予以说明。假设一个制造商垄断了市场,即没有其他制造商生产与他相同的产品。这个制造商的市场需求曲线向下倾斜(价格高,需求量小;价格低,需求量大)。如果制造商以 P 为产品单价,根据需求曲线,可知市场对于此类产品的需求量为 $x=13-P$。当 x 大于零时,制造此类产品的总成本为 $x+6.25$;其中,6.25 是固定成本,x 代表可变成本。

根据传统垄断理论,如果制造商以 x 代表产量,则总收入(total revenue)为 $(13-x)x$,纯利润(net profits)为:

$$(13-x)x-(x+6.25)=12x-x^2-6.25$$

制造商想知道究竟生产多少产品,可以最大限度获取利润。根据微积分原理,如果使总利润的一阶导数为零,即 $12-2x=0$,这个一元一次方程的解 x^* 等于 6 表明,如果制造商确定产量为 6,他可获取最高利润。将 x^* 等于 6 代入 $12x-x^2-6.25$,可知制造商的总利润为 29.75。然而,根据"阻截垄断理论",制造商以 x^0 等于 7 替代 x^* 等于 6,即制造商把产量从 6 增加至 7。将 x^0 等于 7 代入 $12x-x^2-6.25$,制造商的总利润从 29.75 下降至 28.75。为什么垄断制造商宁肯降低利润,也要增加产量?

垄断制造商面临其他竞争者企图打破垄断的威胁。假定垄断制造商为甲,企图进入市场的竞争者为乙。乙的生产能力与甲相当,他的生产函数表达式与甲完全相同。乙是否进入由甲垄断的市场,取决于他是否能够获利。假设甲确定 x^* 等于6,即甲的产量为6,乙认为即使自己打破垄断,甲的产量仍保持不变。因此,如果乙决定进入由甲垄断的市场,并确定产量为 y,乙的产品单价则为 $13-6-y$,乙的纯利润为:

$$(13-6-\hat{y})y-(\hat{y}+6.25)$$

当 y^* 等于3时,乙可以获取纯利润2.75。因此,乙将进入由甲垄断的市场。(如果甲的产量为6,乙的产量为3,当乙打破垄断后,甲的纯利润为11.75。)

根据"阻截垄断理论",甲选择 x^0 等于7,即确定产量为7,乙认为如果自己进入垄断市场,甲的产量将保持不变。当乙确定产量为 y 时,他的纯利润为:

$$(13-7-y)y-(y+6.25)$$

当 y^0 等于2.5时,乙可获取纯利润。不过在这种情势下乙能够得到的最高利润仅仅为零。因此,乙决定不进入由甲垄断的市场。

以上说明了垄断制造商为什么以 x^0 等于7替代 x^* 等于6。垄断制造商由于增加产量(从6增加至7),他的总利润从29.75降至28.75。但是,增加产量可以防止其他竞争者打破垄断。从长远看,保持垄断地位可以避免竞争,从而保证获得高额利润。

有些读者可能不大熟悉经济学,因而会觉得以上的例子有不易理解之处。其实,基本问题就是如何阻止其他竞争者进入垄断市场。垄断制造商牺牲眼前利益,采取有效措施制止竞争者进入垄断市场,从而获得长期高额利润。在研究和预测垄断制造商控制的行业时,上述模型帮助我们认识垄断实力从何而来。尽管法律禁止垄断,但是,阻止其他制造商进入市场的策略,可以有效地保持垄断地位。因此,根据上述模型便可预测垄断制造商怎样行动。

即便对于熟悉经济学的读者,上述例子也有可能令人疑惑。在这个例子或与此类似的形势下,为什么企图打破垄断的制造商推测进入垄断市场后,垄断制造商的产量仍会保持不变?尽管上述推测是一重要前提,但那个例子没有说明这一推测从何而来。当然我们可以简单假设企图打破垄断的制造商有上述推测;随后,我们观察到垄断制造商增加产量,意在阻止其他竞争者进入垄断市场。但是,进一步的分析要求我们解释这一推测。

进行深入分析的途径之一是详尽研究垄断制造商和企图进入垄断市场的其他制造商之间的竞争性互动。以上例子说明了时间因素的重要,或者说它显示了博弈过程的动态特征:垄断制造商确定产量,竞争者(企图打破垄断的制造商)根据垄断者的不同产量,采取相应博弈。然而,上述例子并未具体说明这一动态结构。事实上,存在着多种可能出现的动态结构。第一,垄断制造商根据市场需求确定产量,而不理会其他制造商的竞争。第二,垄断制造商的先期行为直接影响他在竞争者进入市场后所作的决策。第三,垄断制造商面对不同的竞争者,他以阻止某一竞争者进入垄断市场的果敢行为,向其他竞争者显示他的强大。第四,垄断制造商事前无法确定将产量提高多少才可以阻止竞争者打破垄断。因此,竞争者进入市场后，垄断制造商决定与其共处。总之，依据上述四种可能性都可以进一步阐明垄断制造商阻止竞争者进入市场的具体行动结构。博弈论是在这种形势下显示了其优势，应用展开型博弈模型可以模拟可能出现的各种不同情况，应用相应的求解技术可以分析各种模型。

以下三节将介绍竞争性互动的三种动态特征，它们是过去二十年间博弈论研究的主要课题。然后，本书将说明，应用博弈论究竟可以解决哪些问题。

难以置信的威胁和承诺

冯·斯塔克尔伯格(Von Stackelberg)讲述的故事①

假定垄断者在竞争者(企图打破垄断的制造商)决定是否进入市场以前已经确定产量，竞争者根据政府法令推测，如果自己进入，垄断制造商的产量仍然保持不变。图 4.3 的模型模拟了垄断者和竞争者的博弈过程。如图所示，垄断者首先确定其产量。竞争者根据垄断者的产量决定自己是否进入垄断市场；如果选择进入，竞争者也需要确定自己的产量。请仔细看图，从初始结点发出的三个箭头代表垄断制造商有三种可供选择的方案，三个箭头分别指向三个结点，它们是竞争者的信息点(a single-node information set)。这种信息点表示竞争者在选择是否进入市场以及生产

---

① 以下例子出自冯·斯塔克尔伯格(Von Stackelberg, H., 1934)。

多少产品时,已经知道垄断者确定的产量。事实上,垄断者和竞争者可以选择的产量都不止三种,图 4.3 只是简略表明这类博弈的基本结构。

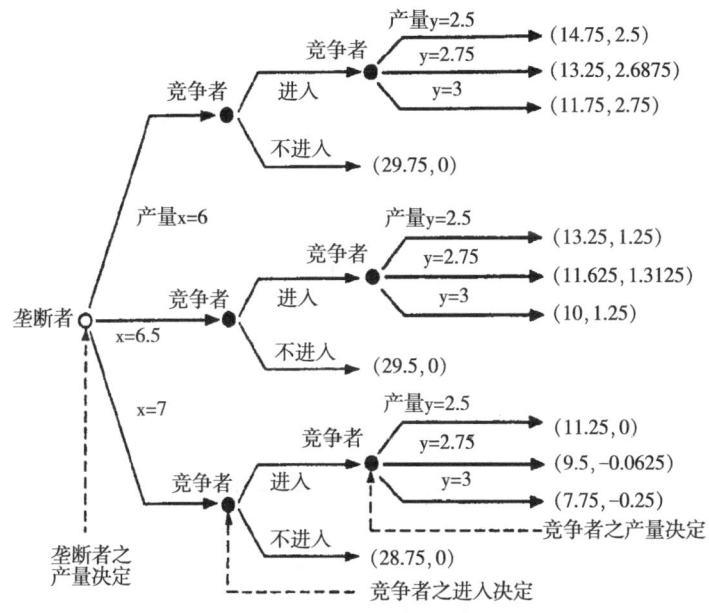

图 4.3 冯·斯塔克尔伯格描述的博弈过程

需要对图 4.3 加以说明。图 4.3 的博弈过程只涉及一个阶段(one period)。因此,如果垄断制造商确定产量为 x,竞争者决定不进入垄断市场,垄断者所得报酬是他的纯利润:(13 － x)x －(x ＋6.25),竞争者所得报酬为零。如果垄断制造商确定产量为 x,竞争者决定进入垄断市场,并确定产量为 y,垄断者所得报酬为 (13－x－y)x－(x＋6.25),竞争者所得报酬为(13－x－y)y－(y ＋6.25)。由此可知,图 4.3 与前一节的例子有所不同。在那个例子中,博弈过程涉及两个阶段。第一阶段,垄断制造商在未受到竞争者威胁的情况下确定产量。第二阶段,垄断制造商在竞争者企图打破垄断的威胁下确定产量。如果垄断者在第二阶段产量与第一阶段完全一样,那么,除了两个例子的报酬结果不同,图4.3实际上准确模拟了前一节的例子。在这种情况下,垄断者确定的产量分别适用于第一、第二两个阶段。垄断者所得报酬是[(13-x)x-(x+6.25)]+[(13-x-y)x-(x+6.25)];其中,(1)第一个中括弧是垄断制造商在第一阶段所得的纯利润。(2)第二个中括弧是他在第二阶段所得的纯利润(如果竞争者决定不进入垄断市场,y等于零)。(3)从以上计算公式可知,不同阶段的单位利润价值相等。如果第二阶段的单位利润与第一阶段相比,价值有所降低,我们将在计算公式中应用折扣系数(the discount factor)。

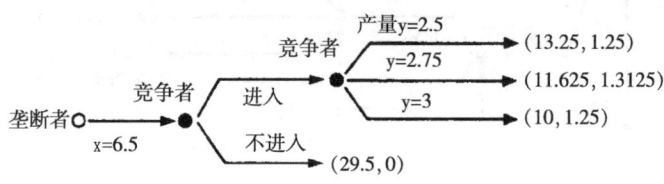

图4.4　垄断者确定产量x=6.5时的博弈过程

下一步的工作是分析图4.3的模型。我们可以进行优势分析或者寻找纳什均衡。根据第三章,运用以上两种求解技术都需要把展开型模型转变为策略型模型。这项工作相当困难。尽管垄断制造商只在3种不同的产量之间进行选择,竞争者的选择范围也只包括3种不同的产量以及不进入垄断市场的决定,然而,从可供选择的策略来看,垄断制造商有3种策略,竞争者有64种。为什么竞争者有 64 种可能的策略？因为垄断制造商有三种可供选择的生产量,与此对应,竞争者有三个信息点；在每个信息点竞争者有四种可供选择的行动；根据第三章介绍的策略组合方式,竞争者可选择的策略种类是 $4 \times 4 \times 4 = 64$。

为了省却不必要的麻烦,我们可以直接从展开型模型求解。假定垄断制造商确定产量为 6.5,如果竞争者了解垄断者的策略,决定进入市场,他必须确定自己的产量。图 4.4 代表上述博弈过程,它是图 4.3 的一部分。如图 4.4,竞争者面临四种选择。根据所得报酬判断,确定产量为 2.75 是最优选择,因为竞争者可获纯利润 1.3125。即使在图 4.3 中也不难看出,当垄断制造商确定产量为 6.5,竞争者的最佳回应是选择产量 2.75。以下简略说明相应计算方法。假定竞争者确定产量为 y,当 y 大于零时,竞争者的纯利润等于 $(13-6.5-y)y-(y+6.25)$；当 y 等于零时,竞争者的纯利润为零(如果 y 等于零,不可应用上述计算公式)。根据上文介绍的微积分原理,可知 y 等于 2.75 时,上述代表竞争者纯利润的二次函数为最大值。因此,如果竞争者期望最大限度地获取利润,他必然选择产量 y 等于 2.75。

一般说来,对于垄断制造商确定的每一种产量 x,竞争者都可以计算相应的最优产量。计算方法如下：假定垄断者的产量为 x,竞争者相应的最优产量为 y,y 可以使代表竞争者纯利润的二次函数 $(13-x-y)y-(y+6.25)$ 取得最大值。根据微积分原理,$y=(12-x)/2$ 时,竞争者可获最高利润,他的纯利润为 $(12-x)^2/4-6.25$。当然,竞争者面临的另一种选择是不进入垄断市场,在这种情况下,他的利润为零。如果竞争者进入市场后,所获纯利润小于或等于零,即$(12-x)^2/4-6.25\leqslant 0$,他将选择不进入垄断市场。当竞争者的利润小于或等于零,即$(12-x)^2/4-6.25\leqslant 0$,这个不等式的解是 x 大于或等于 7。由此可知,如果 x 小于 7,竞争者将进入市场,他的相应产量是$(12-x)/2$;如果 x 大于或等于 7,竞争者将不进入垄断市场。

假设垄断制造商理解以上形势,他可以计算自己的利润函数表达式:

$$\pi(x)=\begin{cases}(13-x-\dfrac{12-x}{2})x-(x+6.25), & \text{如果 } x<7 \\ (13-x)x-(x+6.25), & \text{如果 } x\geqslant 7\end{cases}$$

根据以上利润函数可知,如果 x 小于 7,竞争者将进入垄断市场。利润函数表达式第一行中的$(12-x)/2$是竞争者确定的产量。如果 x 大于或等于 7,竞争者将放弃打破垄断的企图。上式第二行表示垄断者在这种形势下所得利润。图 4.5 是垄断制造商的利润函数。由图 4.5 可知,当 x 等于 7 时,函数曲线中线,垄断制造商取得最高利润 28.75。

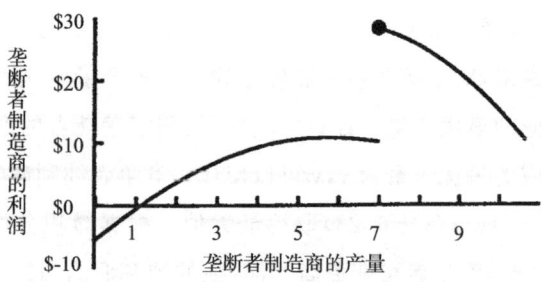

图 4.5 垄断制造商的利润函数

难以置信的威胁

如图4.3,假定在垄断制造商确定产量以前,竞争者声明:"如果你不选择产量 x 等于 2,我将进入市场,并使产量 y 等于 13－x,这将使产品价格被压低至零,你将不可避免地蒙受损失。如果你选择产量 x 等于 2,我将选择产量 y 等于 5。"垄断制造商应当怎样答复竞争者的威胁?

如果垄断制造商认为竞争者将把威胁付诸实行,他只能选择 x 等于 2,否则他将承受严重损失。所以,他或者选择停止生产,或者选择 x 等于 2。如果他确定产量为 2,竞争者选择产量等于 5,产品价格为 13－2－5＝6,垄断制造商的纯利润为 6×2－2－6.25＝3.75。由于垄断者在此形势下获利大于零,所以,他对竞争者威胁的最佳回应是选择产量 x 等于 2。

竞争者对垄断制造商如上策略的最佳回应是确定产量 y 等于 5。竞争者选择最佳产量的方法如下:他首先确定自己的纯利润表达式(13－2－y)y－(y＋6.25),然后确定纯利润达到最高水平时 y 的取值。由此可知,如果垄断制造商认为竞争者会把威胁付诸实行,并对其作出最佳回应,竞争者将乐于实现他的承诺(指竞争者确定产量为 5)。

问题在于竞争者所作威胁的可信性。不难设想以下博弈形势,垄断制造商选择产量 x 等于 7,并向竞争者挑战:"你若所言不虚,应当确定产量 y 等于 6 (13－7＝6)。"如果竞争者真的确定产量为 6,垄断制造商将蒙受损失。但竞争者不可能确定产量为 6,因为如果垄断者的产量 x 等于 7,竞争者的上述选择将使他自身蒙受重大损失。由此可知,竞争者不可能把威胁付诸行动。

竞争者的威胁之所以不可相信,其原因十分简单。因为在冯·斯塔克尔伯格的故事里,全部分析都以下述假设为前提:一旦垄断制造商确定了策略,竞争者无论作出何种回应,其策略必然是最大限度地获取纯利润。竞争者之所以不可能将威胁付诸实行,是由于垄断者的选择是既成事实,而竞争者完全了解这一事实。

难以置信的承诺

以上例子表明,某些威胁不可信。另一种常见的情况是,有些人往往承诺在先,违约在后。

例1:雕塑家制作了一个人像模子,他向顾客保证,只少量复制几座塑像;因而,这些塑像的价值将会逐渐上升。顾客相信他的保证,以高价购买他的作品。事后,这位雕塑家却复制了许多塑像,以较低价格出售。这类经验告诉人们,如果无法确保雕塑家恪守诺言(保证他遵守诺言的方法之一是购买之前,要求雕塑家将模子公开毁掉),顾客不应相信他的诺言。不管最初的动机是什么,雕塑家高价售出了最初的几座塑像后,就会打算复制销售更多的塑像。因此,除非有切实可行的措施保证他恪守诺言,顾客将认为雕塑家的承诺不可信,并且拒绝出高价购买其作品。

例2:假定政府控制国家的货币供应量。出于政治原因,政府期望经济以最高速度发展。假定预期通货膨胀(anticipated inflation)于增长不利,非预期通货膨胀(unanticipated inflation)可以促进增长(非预期的货币数量增加可以刺激经济发展)为了避免预期通货膨胀,政府保证将通货膨胀率控制在特定指标之下。其后,政府又希望大量投入资金，利用非预期通货膨胀的功能刺激经济发展。政府看上去好像处在进退两难的境地，实则不然。只要公众意识到滥发货币既符合政府的最大利益，又是其权力所及，政府事先所作的承诺便不可信。因此，公众可以预期高通货膨胀率以及经济增长滑坡的必然结果。

例3：为了鼓励开发油田，政府许诺将降低开发者的石油销售税。但是，一旦油田开发成功，政府便改变初衷。如果没有相应措施保证政府恪守诺言（政府更替，诺言可不遵守），政府事先所作承诺令人难以置信。因而，开发者应能预料日后会是高额税收。

例4：这个例子涉及公司之间的兼并。公司甲以公司乙的产品为生产原料，为了避免原料短缺或涨价，公司甲将公司乙买下，使原料由市场供应转变为内部供应。公司乙的管理人员专业技术水准很高，公司甲的管理人员担心他们因自己的公司被兼并而辞职，以致影响生产，便许诺不改变公司乙管理人员的职权范围和报酬。然而，兼并意味着公司甲可以透过各种合法方式取消上述承诺，特别是公司甲事后确有改变承诺的意图。因此，公司乙的管理人员认为公司甲的承诺难以置信。

在劳动经济学中，制定计件工资标准的管理人员保证，只有在技术条件改善的情况下才调整工资标准，计件定额的提高与工人熟练程度的增加无关。在国际贸易谈判中，甲国为了诱使乙国让步，向乙国承诺将尽快放宽对其各项限制措施。总之，在具有动态结构的博弈过程中，可以发现各种不可信的威胁和承诺；这是因为事前进行威胁和作出承诺的动机往往与事后决策的动机不同。非合作博弈理论的成功之处，在于它不仅提供了展开型模型模拟上述形势，而且提供了技术手段分析上述威胁和承诺的可信程度（credibility）。

应当补充说明的是，介绍"阻截垄断理论"的例子——垄断者在竞争者进入市场之前增加产量，以保持垄断地位——出自冯·斯塔克尔伯格（1934），那时现代博弈论尚未出现。博弈论在此所做的贡献是说明"博弈规则"（如图 4.3）。

综上所述，非合作博弈理论对于分析可信程度作出了突出贡献。第一，展开型模型提供了研究可信程度的工具，并且使可信程度研究的重要性有所提高。第二，非合作博弈理论为经济学家研究可信程度提供了共同语言，使其可以对各种形势下的可信程度进行比较研究。第三，非合作博弈理论使经济学家具有化繁为简的能力。并非所有涉及可信程度的问题都像图 4.3 那样简单明了，但图 4.3 的基本博弈结构有助于理解较为复杂的形势。本节其余内容将着重说明这一点。

具有完整和准确信息的博弈过程以及逆向引导

图 4.3 的博弈模型有一个显著特征，博弈树上每个结点都是信息点。图 3.3（图 4.6 是图 3.3 的复制）和模拟国际象棋的博弈过程也都具备这一特征。它们被称为具有完整和准确信息的博弈过程。

第三章曾经介绍根据常识（the common-sense）选择策略。在具有完整和准确信息的博弈过程中，直接根据常识选择策略，效果甚佳。策略的选择始于博弈树末端（end），始于末端结点（almost-terminal nodes）的所有箭头指向终局报酬（final payoffs）。位于末端结点的参与者选择哪种策略,在其他人看来一目了然。因为他必然选择对自己最有利的策略。一旦确定了位于末端结点参与者选择的策略,依照同样方法,可以确定位于倒数第二个结点(almost terminal nodes)的参与者将选择哪种策略,然后是倒数第三个结点……这样依次逆向移动,最终便可以确定位于初始结点的参与者选择哪种策略。

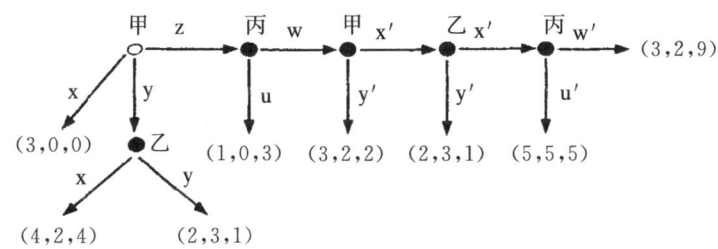

图 4.6 具有完整和准确信息的博弈过程

这里以图 4.6 为例予以说明。图 4.6 的博弈模型有两个末端结点。第一个末端结点位于左下方,相应的参与者是乙;第二个位于右侧,相应的参与者是丙。乙在第一个末端结点一定选择 y(乙选择 x,报酬为 2;选择 y,报酬为 3)。丙在第二个末端结点,必然选择 w'。自第二个末端结点向左逆向移动至倒数第二个结点,相应的参与者是乙。可供乙选择的策略是 x' 和 y'。如果乙选择 y',可得报酬 3;如果乙选择 x',箭头指向丙;由于丙已经选择 w',乙在这种形势下可得报酬 2。因此,乙的最终选择是 y'。继续向左逆向移动,甲将选择 y'。然后,丙将选择 u。现在已到了博弈模型的初始结点。如果甲选择 x,报酬为 3。如果甲选择 y,箭头指向乙;由于乙已选择 y,甲可得报酬 2。如果甲选择 z,箭头指向丙;由于丙已选择 u,甲在这种形势下可得报酬 1。所以甲选择 x。

与图 4.3 相比,图 4.6 根据常识选择策略的过程比较复杂;但是,图 4.3 和图 4.6 的两个博弈模型,其基本结构相同。可以在模拟国际象棋的博弈过程根据常识选择策略,因为下棋是具有完整和准确信息的博弈过程,可以画出模拟这一过程的博弈树。从博弈树末端开始选择,依次逆向移动,直至初始结点。应用这种方法不难确定对局双方的"最优策略",除非某些过程不切实际或博弈树规模过大。

一般情况下,只要博弈树规模适当,便可根据常识选择策略。通常称这种方法为逆向引导。在具有完整和准确信息的博弈过程,逆向引导是一种极其有用的求解技术。

图 4.3 包含一种比较复杂的形势,它在图 4.6 未曾出现。如图 4.6 所示,根据逆向引导,在所有的结点上,参与者都有明确的选择;即参与者选择的不同策略从未使其所得报酬完全一样,以致参与者对于选择哪种策略并不介意。然而,图 4.3 的情况则有所不同。如图 4.3 所示,垄断制造商确定产量 x 等于 7,如果竞争者决定进入市场,他的最优策略是选择 y 等于 2.5,相应所得报酬为零。如果竞争者决定不进入市场,他的报酬也是零。因而,竞争者认为这两项策略没有差别。不过,在垄断者看来,这两项策略差别甚大。如果竞争者选择 y 等于 2.5,垄断者的报酬是 11.25;如果竞争者决定不进入市场,垄断者可得报酬 28.75。由此可知,应用逆向引导求解技术,如遇上述复杂形势,究竟作何抉择,事关重大。本书受篇幅所限,不能深入讨论;如遇此种形势,究竟选择哪种策略,将视方便而定。

比较复杂的改动

这里将上文说明"阻截垄断理论"的例子予以改动。第一阶段，垄断制造商没有遇到任何竞争者的威胁。他确定产品价格为 p，产品的市场需求量 $x=13-p$，生产过程的固定成本是 6.25。第二阶段，竞争者进入博弈过程。如果竞争者决定不投入生产，垄断制造商将继续保持垄断地位，并根据需要调整产品价格（产量将同时变动）。如果竞争者选择进入市场，垄断者和竞争者将平等竞争。第二阶段的产品市场需求是 $x=13-p$，垄断者和竞争者的生产固定成本都是 6.25。

上述改动最重要之处是强调竞争者一旦进入市场，他将与垄断者处于平等地位。垄断者在第一阶段的生产状况完全不影响双方在第二阶段的生产能力和获利机会。

在这种形势下，应用博弈论必须借助双头垄断（市场由两家卖主垄断）竞争模型（a model of duopolistic competition）。这种模型是把博弈论和库尔诺[①]（Cournot）平衡理论相结合。根据库尔诺均衡理论，双头垄断制造商同时而且相互独立地确定生产量，价格取决于市场，需求与总供给平衡。图 4.7 的模型模拟了上述形势。如图 4.7 所示，第一阶段，垄断者确定产品价格和产量。例如：他可选择的方案之一是价格为 7，产量为 6。在第二回合，竞争者的若干结点之间没有信息线，表明竞争者了解垄断者在第一阶

---

① 安托万·库尔诺（Antoine Angustin Cournot,1801－1877），法国数学家和经济学家。

段的策略,并据此决定自己是否进入市场。如果竞争者放弃打破垄断的企图,垄断制造商在第二阶段重新确定价格和产量。如果竞争者决定进入市场,接下去便是库尔诺博弈局。竞争者确定其产量,垄断者同时而且独立地确定他的产量。如前所述,图 4.7 中垄断者的信息线表示双方"同时而且独立地"选择策略。

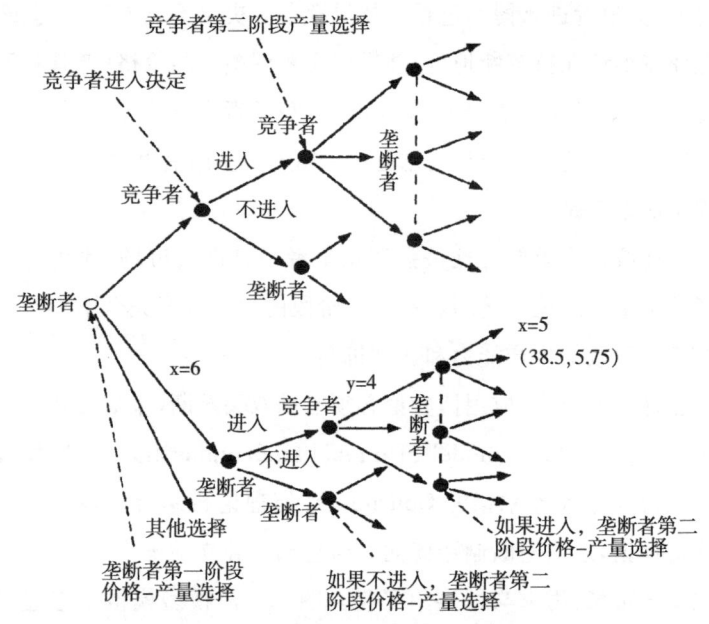

图 4.7 双头垄断竞争展开型博弈模型

怎样计算所得报酬?如图 4.7 博弈树的一个分枝所示,第一阶段,垄断者确定价格为 7,相应产量为 6。竞争者决定进入市场。第二阶段,竞争者确定产量为 4,与此同时,垄断者确定产量为 5。产品价格等于 4(4＝13－4－5)。由此可知,垄断者在第一阶段的

利润是 $7×6-(6+6.25)=29.75$；在第二阶段的利润是 $4×5-(5+6.25)=8.75$。竞争者在第二阶段的利润是 $4×4-(4+6.25)=5.75$。因此，在博弈树的这个分枝，垄断者所得报酬等于 $29.75+8.75=38.5$，竞争者的报酬为 5.75。

图 4.7 的信息线表明，这不是具有完整和准确信息的博弈过程，因此，不能应用逆向引导求解技术预测博弈结局。如果竞争者决定进入市场，图 4.8 表示他进入市场后的博弈。依照博弈论术语，称图 4.8 表示的博弈为库尔诺亚博弈（the Cournot subgame）。注意图中垄断者所得报酬 y。在博弈树的一个分枝，竞争者确定产量为 y，与此同时，垄断者同时确定产量为 x；垄断者所得报酬等于 $\pi_1+(13-x-y)x-(x+6.25)$。计算公式中的 π_1 表示垄断者在第一阶段所得报酬。尽管垄断者在第一阶段的报酬随其选择的策略而改变，π_1 可以代表垄断者在第一阶段与各种策略相对应的所得报酬。

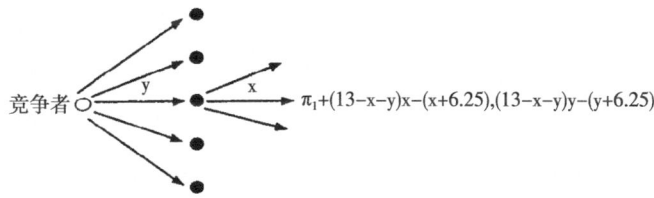

图 4.8 库尔诺亚博弈过程（如果竞争者进入市场）

库尔诺亚博弈本身就是一个展开型博弈模型，分析这种形势的关键是如下假设：无论垄断者在第一阶段情形如何，一旦竞争者进入市场，双方得寻求亚博弈过程（subgame）的纳什均衡。

支持上述假设的是如下推理：难以置信的威胁和承诺不能成

立。竞争者可能威胁垄断者,如果后者在第一阶段选择某种产量,竞争者将采取伤害垄断者利益的行动。然而,如果竞争者把这种威胁付诸行动,也将损及自身利益。因此,他不会采取伤害垄断者利益的行动。同样道理,垄断者可能威胁竞争者,如果竞争者进入市场,他将大规模提高产量,使竞争者无利可图。然而,一旦竞争者进入市场,垄断者必须面对现实。他只能选择于自身最有利的策略,损害竞争者利益将退居其次。

由以上分析可知,尽管竞争者和垄断者事先相互威胁,事后却采取理智行动,即寻求纳什均衡。为什么如果双方采取理智行动,必然导致纳什均衡?这里暗含的假设是,在任何可能出现的形势下,对局双方可选择的策略都是一望可知;因而,其结果必然是纳什均衡。

进一步分析将导致如下结论:无论垄断者在第一阶段采取何种行动,一旦竞争者进入市场,其博弈过程就有一个纳什均衡。透过实现纳什均衡,竞争者可以获利。垄断者在第二阶段所得利润与他在第一阶段的行动无关(可参阅其他依照非合作博弈理论观点讨论库尔诺均衡的教科书)。无论垄断者在第一阶段采取何种行动,竞争者都要进入市场。因此,垄断者在第一阶段的最优策略是最大可能获取利润。无论垄断者在第一阶段采取何种行动,都不能阻止竞争者进入市场,也不能增加他本人在第二阶段的利润。在这种形势下,保持垄断地位的阻截手段已无法奏效。

由此可知,竞争者无须注意垄断者在第一阶段的策略。因为这种策略对第二阶段双方竞争的条件没有任何影响。如果竞争者进入市场,他与垄断者的地位完全平等。

第四章 博弈论的成功

可以运用阻截手段保持垄断地位的唯一可能是垄断者在第一阶段的行动以某种方式影响双方在第二阶段的竞争地位。可能的影响方式有如下几种：垄断者制造商可在第一阶段选取特定生产技术，用增加固定成本的方式降低边际成本。由于边际成本低，垄断者在第二阶段的竞争地位得到加强。因此，垄断者可以采用适当增加固定成本的技术，阻止竞争者进入市场。如果垄断者的产品使用特征允许其与消费者建立固定关系，垄断者在第一阶段可用低价出售产品，以便在第二阶段凭借与消费者的特殊关系，阻止竞争者进入市场。垄断者在第一阶段可以采取各种方式与消费者建立特殊关系。如果垄断者的产品是耐用品，他将试图在第一阶段大量销售，以降低第二阶段的市场需求，从而阻止竞争者进入市场。如果垄断者的产品多种多样，生产特殊样式的成本逐渐降低（假定垄断者在第一阶段生产六种样式；第二阶段，他继续生产这六种样式的成本可以降低），垄断者可以尽量增加产品样式，直至竞争者在垄断者市场无利可图。

上述各种可能性仍可进一步阐述，并且应用非合作博弈理论加以分析。这些以及其他类似可能性的共有特征是，垄断者在第一阶段采取的行动，改变了竞争者进入市场后亚博弈过程的性质，这种改变足以阻止竞争者打破垄断。

这里不打算进一步阐述上述各种可能性，因为本书毕竟不是工业组织学的教科书。下面将对上文说明"阻截垄断理论"的例子作更为复杂的改动。

存在着另外一种可能性，即垄断者可以利用第一阶段的行动影响第二阶段的竞争。竞争者无从了解垄断者的策略特征，他往往把垄断者的前期行动视为其后期策略特征的标志。假定竞争者不了解垄断者的成本结构;如果垄断者的单位成本高,竞争者进入市场便能够获利;如果垄断者的单位成本低,竞争者进入市场便很难获利。由于企图打破垄断的竞争者必须支付生产成本,他往往在选择是否进入市场时猜测垄断者的成本结构。一般来说,价格高则预示其边际成本高;因此,竞争者习惯于把垄断者在第一阶段的低价格和高产量视作边际成本较低的标志,从而决定不进入市场。垄断者熟悉竞争者的思路,有意使第一阶段的价格低于最优价格水平,以便使竞争者确信,垄断者的边际成本较低。

进一步阐发这个例子需要更多的知识。但有一点可以确信,垄断者使用上述手段可以阻止竞争者进入市场,尽管采取的具体方式要复杂得多。虽然这里不能进一步阐发上例,但至少可以说明为什么这里要求更为复杂的博弈论知识。

设想一种简单的形势,垄断制造商的单位成本只有高低之分。垄断者知道自己的单位成本,但竞争者于此一无所知。图 4.9 的模型模拟了上述博弈过程。值得注意的是,博弈过程第一回合,自然力首先决定垄断者的单位成本。第二回合,垄断者根据自然力的选择,确定其第一阶段的价格和产量。竞争者了解垄断者的策略,但无从了解自然力的选择。竞争者必须决定是否进入市场;如果他选择进入,便需要确定产量。与此同时,垄断者也要独立确定生产规模。

图 4.9 的信息线表明,第三回合,当竞争者决定是否进入市场时,他不知道自然力的选择。第四回合,竞争者在选择产量时仍然不知道垄断者的单位成本。由于信息线的影响,自第二回合起,没

有任何结点可以成为展开型博弈模型的起点。在这种形势下,需要借助某种方法,以便讨论博弈双方实行各种策略的可能性。例如:竞争者采取某种策略的可能性,取决于他对垄断者单位成本的预测。需要借助某种方法,以便确定竞争者所作的预测。非合作博弈理论的最新发展,不仅解决了上述问题,而且提供了一种语言,使人们得以讨论竞争者对垄断者单位成本所作预测的准确性,怎样影响竞争者选择相应策略的可能性。

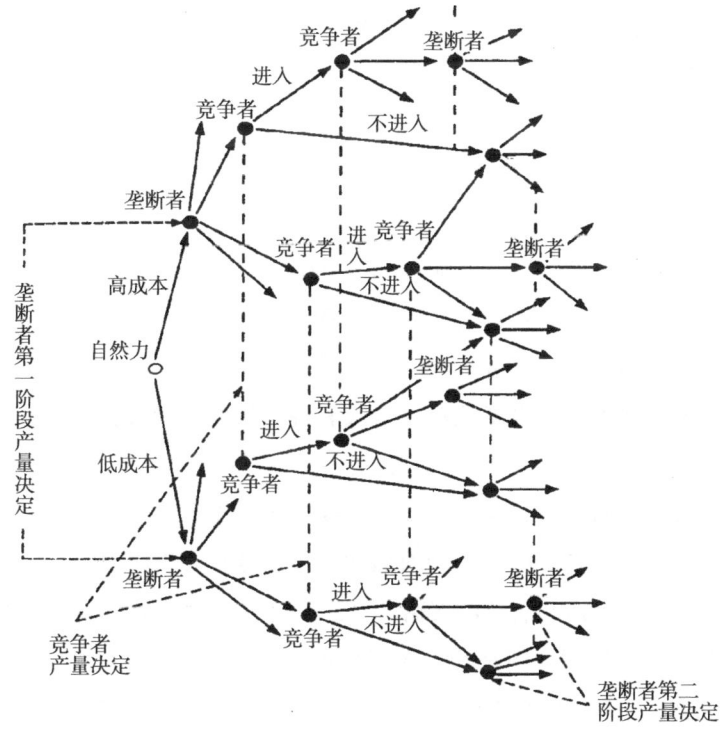

图 4.9　竞争者无法确定垄断者成本时,垄断者阻止竞争者进入市场

进一步讨论图 4.9 需要更多的知识。但自上例可知：研究此种类似以阻截方式保持垄断地位的形势，必须研究对局双方的动态性互动（dynamic interactions），其中最重要的是了解甲方如何预测乙方对甲方采取策略作何反应。因此，需要借助某种技术，以考察甲方对乙方的预测是否准确。本节以冯·斯塔克尔伯格的故事为例，表明博弈论怎样帮助我们深入分析和理解各种经济形势。即使是比较复杂的形势，例如：竞争者无法确定垄断者的边际成本，博弈论尚未提供明确答案；我们也可以根据这一理论，确定进一步的研究方向。

不容怀疑的威胁和承诺：合作与名誉

运用上节的技术可以证明，某些威胁和承诺难以置信。然而，在许多情况下，承诺（以及威胁）是不可不信的。从运用阻截手段保持垄断地位的例子可知，这种情况之所以发生，是由于履行诺言可以使承诺者最大限度地获取个人利益。然而，博弈论的研究表明，承诺和威胁之所以不可不信，是由于承诺者把履行诺言视作维护个人名誉的手段。这是博弈论的第二个重要贡献。

西蒙（Simon）于 1951 年对雇佣关系的分析，是在对博弈论发展之前研究承诺和名誉的实例。西蒙假设 A 是雇主，B 是雇员，A 与 B 之间的雇佣合同是开口合同（Open-ended contract）：合同规定了 B 的工资，以及 B 同意服从 A 的指挥。制定开口合同的原因是 A 不能事先约定哪些任务应由 B 来完成，故此合同写明，遇有偶然情况，A 可以随时指挥 B。履行这种合同，B 往往担心 A 交待的任务过多或过于繁重。B有辞职的权利；但是，改变工作势必将短期失业和进入一个生疏环境，甚至还要为学新技能或迁居而破费。总之，B一旦成为A的雇员，他就丧失了向A讨价还价的有利地位。为什么A没有利用这个机会剥削B？为什么B没有把A的剥削视为一种威胁？

一种解释是B意识到A可能利用上述机会剥削他，但是B找不到更好的工作。另一种可能性是不仅B要为辞职支付代价，而且A也得为B的辞职付出代价。因为B已熟悉工作，A很难找到顶替他的人。如果B坚持辞职，A不得不为培训新人支付额外费用。这种局面扭转了B向A讨价还价的不利地位，从而可以防止A剥削B。

西蒙指出第三种可能性。在和B签订合同时，A可能明确承诺或暗示B的工作不会过于繁重。这一承诺并非不可信。因为A如果违背诺言，他将成为不受信任的雇主。一旦A败坏了自己的名誉，B辞职以后，A将难以找到新雇员。在这种形势下，A所担心的不是B辞职以后，自己要为培训新人支付额外费用，他所担心的是自己的名誉。一旦名声不佳，A将难以雇用新人，唯一可能的补救办法是A以高薪征聘。

维护名誉：雇佣关系模型

由上例可知有关承诺与名誉的一般概念，非合作博弈理论对此一般性概念作了杰出的规范性说明。应用非合作博弈理论可以阐明这类问题的限定条件和基本特征。图4.10模拟了上述博弈过程。首先B选择是否受雇于A，然后A选择是否剥削B。B只有在不受剥削的前提下愿意受雇于 A。但是,一旦 B 签署了雇佣合同,A 透过剥削 B 可以最大限度地实现个人利益。在图 4.10 应用逆向引导求解技术可知,如果 B 受雇于 A,A 的最优策略是剥削 B;B 的最优策略是拒绝受雇于 A。当然,如果 A 能够使 B 确信,他不剥削雇员,B 将签订雇佣合同;其结果是 A 和 B 都可以获得较高报酬。

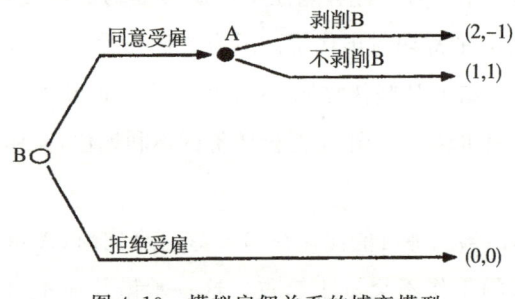

图 4.10 模拟雇佣关系的博弈模型

假定参与博弈的不仅是 A 和 B,而是 A 和许多雇员……B_1、B_2……。A 与 B_1 首先博弈,然后与 B_2 博弈。每个雇员(B_1、B_2……)只关心自己的工资收入。雇主 A 的报酬是所有博弈结果的一个无穷序列(an infinite sequence of results):与 B_1 博弈的结果,与 B_2 博弈的结果……。假定 A 与第 n 雇员 B_n 博弈,所得报酬为 U_n,A 评价相应博弈结果(U_1、U_2、U_3……)的方法是先打折扣后求和(the discounted sum),即 $U_1 + aU_2 + a^2 U_3 + a^3 U_4 +$ ……,其中 a 是折扣系数,a 大于 0,小于 1。在这一博弈过程中,最重要的一点是第 n 个雇员 B_n 在决定自己是否受雇于 A 时,了解 A 的历史,即了解 A 是否剥削过其他雇员。

第四章 博弈论的成功

不大可能用博弈树模拟整个博弈过程,图4.11只模拟了博弈过程的前两个阶段。在这个博弈过程中,参与者包括A和无数雇员(所有的B_n);因而,完整博弈树的分枝不可计数。在这种情况下,不同于以往的是,以数字向量为代表的所得报酬不在博弈树顶端。因为这一博弈过程包括策略组合无穷序列,致使博弈树没有顶端;因此,只能依据特定函数计算每个参与者的报酬。如前所述,计算A所得报酬的方法是先打折扣后求和。实际上,这相当于计算复利(compound interest)。假设A所得报酬以货币计,博弈过程的每一阶段相当于一个月,折扣系数 $a = \dfrac{1}{(1+i)}$,其中i是每个月的利息率。为计算方便,假设a等于0.9。

图4.11所示,B_2有三个信息点,B_3有九个信息点。B_2不仅知道B_1是否受雇于A,而且知道A是否剥削B_1。同理,B_3不仅知道B_2的策略,而且知道A对B_2采取的策略。

在有无数人参与博弈的形势下,很难想象怎样把展开型模型转化为策略型模型。第n个B可以采取的策略共有$2 \times 3^{n-1}$种,A可能采取的博弈,其数量不可胜数。虽然这是具有完整和准确信息的博弈过程(图4.11中没有信息线),却无法应用逆向引导求解技术,因为博弈树有无数分枝,以至于无法确定末端结点。

尽管如此,仍然可以描述这一博弈过程的各种纳什均衡。例如:其中一种纳什均衡是,雇主A的名誉取决于是否剥削雇员;只要他不剥削雇员,就可以保持名誉。如果他剥削雇员,便名声扫地,而且他再也不能恢复名誉。第n个雇员B_n知道A是否剥削B_1、B_1……$B_{(n-1)}$。B_n同意受雇于A的前提是A从不剥削雇员,A

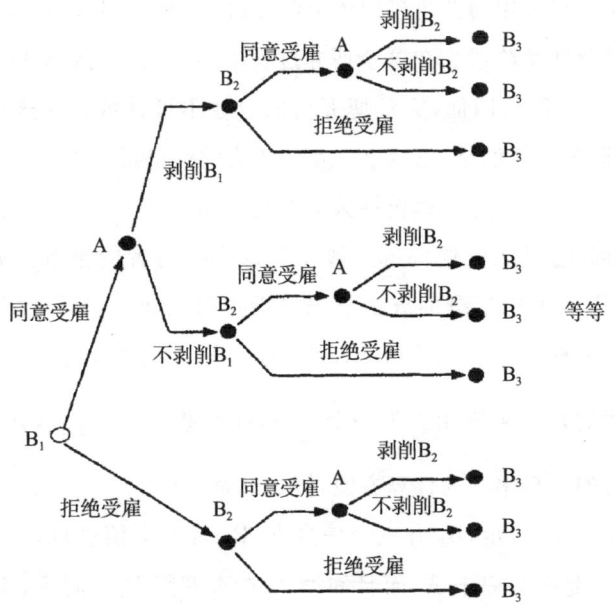

图 4.11 包括无数策略组合的雇佣关系模型:前两个阶段

只有在自己名声已经败坏的情况下才剥削 B_n。

为什么上述策略组合是纳什均衡？在博弈过程的第 n 个阶段，如果 A 从未剥削过雇员，他的最优策略是不剥削 B_n。与此同时，B_n 对 A 的最佳回应是签订雇佣合同。如果 A 曾经剥削过一次，B_n 便有可能被 A 剥削；因此，B_n 的最优策略是拒绝受雇于 A。由此可知，A 只要曾经剥削过一次，他就没有机会剥削 B_n。不过也有例外，A 可能出于侥幸雇用了 B_n，在这种情况下，A 将剥削 B_n，因为他的名声已经败坏，无论他是否剥削 B_n，其他雇员都不再信任他。关键问题在于，如果 A 以前没有剥削过雇员，他为什么

不剥削 B_n？这是因为 A 把保持名誉视作长远利益，把剥削个别雇员视作眼前利益；二者相权，他更看重长远利益。如果 A 能够始终保持名誉，他在博弈过程的每一阶段都可获得报酬 1。根据前述计算方法，在 a 等于 0.9 时，A 的报酬总计为 10，即 $10 = \sum_{k=1}^{\infty} a^{k-1} 1$ $= 1/(1-a) = 10$。如果 A 剥削某一雇员，他在相应阶段可获得报酬 2；但是，由于其他雇员都不再愿意受雇于他，A 的报酬总计仅等于 2。由于 10 大于 2，A 自然尽力保护自己的名誉。

与此对应的策略组合如下：B_1 同意受雇于 A，A 不剥削 B_1；B_2 同意受雇于 A，A 不剥削 B_2；依此类推，直至终局。

以上建构的模型存在一些问题，需作如下说明。

1. 如前所述，纳什均衡之所以存在，是由于 A 力图维护名誉，A 透过保持名誉所获利益大于他剥削雇员以致名誉受损所获利益。A 的长远利益之所以超过眼前利益，是由于博弈过程包括不计其数的策略组合。如果在某一回合开始时，参与博弈的两个人均意识到那是整个博弈过程的最后回合，A 肯定利用这个机会剥削 B；因为 A 已经没有机会雇用其他雇员，他不再担心败坏名誉。B 意识到上述可能性，他便拒绝受雇于 A。由此可知，在任何一个回合开始时，只要相应的参与者意识到那个回合或随后一个回合是整个博弈过程的最后回合，A 必然剥削 B。如果那是最后一个回合，A 已没有必要维护名誉。如果那是倒数第二个回合，A 则断定，无论自己名声怎样，B 在最后一个回合都拒绝受雇。因此，A 在倒数第二个回合也没有必要维护名誉。B 意识到上述形势，他在倒数第二个回合便拒绝受雇于 A。依此类推，直至第一回合。

以上分析表明,只要博弈过程包括有限的策略组合,便可应用逆向引导方式求解。求解的结果是,A 在第一回合剥削 B,B 在第一回合拒绝受雇于 A;整个雇佣关系模型便不复存在。

2.雇主力图维护名誉的策略组合是一种纳什均衡。另一种纳什均衡是 A 利用一切可能的机会剥削雇员,所有雇员都拒绝受雇于 A。除此之外,还有其他形式的纳什均衡。在分析雇佣关系模型时,实现纳什均衡,即 A 维护名誉,B 受雇于 A,似乎是一目了然的策略组合。然而,我们没有说明为什么这种纳什均衡优于其他形式的纳什均衡。此外,即使我们可以证明这种纳什均衡优于其他,这个例子也过于简单。在比较复杂的形势下,例如:每人可选择的策略在两种以上,上述证明便难以奏效。

3.雇佣关系模型的一个限定条件是每个雇员都清楚雇主 A 的历史。但是,实际形势并非如此简单。一种可能的形势是,雇员只大略了解雇主 A 的历史。另一种情况是某个雇员声称雇主剥削他,但并无其事,因为这个雇员过于情绪化。此外,雇主 A 本人可能并不清楚剥削和非剥削的界限何在。总之,雇佣关系模型似乎与现实中的各种复杂形势相距甚远。

4.假定 A 剥削 B_1,根据雇佣关系模型中的纳什均衡,其他雇员都将拒绝受雇于 A。在这种形势下,A 可能向这些雇员承诺:"剥削 B_1 是我犯的严重错误。对此,我深感遗憾,恳求诸位见谅。如果你们允许我改正错误,咱们都将获益。因为你们拒绝受雇,不仅我无法获利,你们也无法获得报酬。"如果这些雇员原谅 A,B_2 将会成为第二个被剥削者。随后,雇主 A 又向 B_3 和 B_4 致以悔意并附上花束。依次类推,其他雇员也将成为被剥削者。在现实生活中，经常出现的情况是，违背诺言者承认错误后，其他人往往认为原谅违背诺言者符合所有人的最大利益。这种情况表明，许多参与博弈的人并不介意名誉问题。因此，雇佣关系模型变得无关紧要。

5. 实际雇佣关系远比上述模型模拟的雇佣关系复杂。现实雇佣关系包括各种雇员、工头和雇主。模型所涉及的名誉指的是公司名誉？工厂名誉？还是某个工头的名誉？从模型可知，维护名誉的博弈过程包括策略组合的无穷序列。就组织结构而言，公司和工厂具有相对稳定性，它们的名誉符合模型的限定条件。问题在于工头的利益与公司和工厂的名誉有什么关系？怎样才能调动工头的积极性以维护公司的名誉？

6. 雇佣关系模型是重复博弈模型(repeated game model)。然而，现实生活中的雇佣关系并非只是一种简单的重复。工作内容以及雇员状况都在变化。怎样改进这一模型才能适应现实生活中的雇佣关系？

上述第一个问题可以应用下一节讨论的技术予以解决。第三个问题指明进一步研究名誉问题的重要途径。博弈论研究的一个重要领域即是不准确的观察对取信他人有什么影响。第四个问题也是博弈论研究的一个主题。在这个问题上，应用博弈理论技术，可以使我们的认识超越常识。第五个问题表明借助雇佣关系模型可以研究组织结构的设计问题。第六个问题的研究才起步不久，它是一个挑战。第二个问题比较严重，这个问题将在第五章和第六章进一步讨论。

多边合作（Multilateral co-operation）和通俗原理（Folk theorem）

假设雇佣关系模型中的雇主经营有方，在相当长的时间内，他在劳动市场享有盛誉；因而，博弈过程可能包括策略组合的无穷序列。类似的模型也适用于另一种形势，即参与博弈的众多参与者重复互动（repeated interaction）。

与此相关的传统实例是控制市场的少数制造商（oligopoly）相互串通。为简单起见，这里只分析双头垄断（duopoly）。设想两家公司生产同类产品，每一阶段的市场需求曲线都是向下倾斜。两家公司应用的生产技术都十分简单，他们的固定成本为零，边际成本为常数 C。两家公司竞相招揽顾客，降价广告充斥晨报，消费者争相购买低价产品。假定两家公司所定价格相同，各自的生产量相当于市场需求的一半。然而，两家都有富余的生产能力，即两家公司都有能力独自满足市场需求。

我不大清楚其他国家的情况，但我知道美国的照相机和家用电器公司，其价格竞争方式大致如上。当然，固定成本为零的假设可能与现实不符；不过，这个假设对最后结论影响不大，而它有利于简化分析。

假设上述两家公司进行一次性竞争，那么可能出现的唯一平衡状态就是双方均确定价格为 C（C 是边际成本），每个公司所获利润均为零。导致此种局面的原因无须赘述，根据直觉可知，如果公司甲的价格高于 C，即甲所得利润大于零，公司乙的价格只需稍低于甲的价格，公司乙便可抢走甲的全部生意。

如果上述两家公司长期竞争,每个公司计算所得报酬的方法如下:把每次竞争所得报酬乘以折扣系数,然后求各次竞争所得报酬之和。这种计算方法与雇佣关系模型中雇主 A 计算报酬的方法相同。以下分析试图说明,长期竞争与一次性竞争的结果完全不同。假定 P^* 是单一垄断制造商确定的产品价格,双头垄断商在博弈过程中分别采取如下策略:只要对方始终保持价格为 P^*,自己将保证价格为 P^*;一旦对方价格低于 P^*,自己将把价格降低至 C,而且永远不再提高价格。可以用另一种方式描述这种策略。如果保持价格为 P^*,公司便享有如下声誉:"有序竞争者"、"有限竞争者"或"文明竞争者"。如果把价格降至低于 P^*,公司将享有"残酷竞争者"的声誉。因此,双头垄断商可采取的策略是:如果对方是"文明竞争者",采取"有限竞争"方式与之竞争;否则,就大幅度降价。

只要竞争双方均看重长远利益,上述策略组合就是纳什均衡。就长期竞争的一个回合而言,任何一方压低价格,都可在短期内获得较高的利润。但其后果是竞争对手大幅度杀价,以至于在以后的所有回合,双方利润为零。

通常所说的卡特尔(cartel)即奉行这一原则。组织内部的每个公司都自觉服从卡特尔的规定,因为"残酷竞争"将使所有公司遭受损失。以下就几个有关问题加以说明:

1. 这个例子的一个基本特征是垄断市场的两家公司均看重长远利益。如果形势改为一家公司面对一系列竞争对手(类似雇佣关系模型),这些竞争者将利用一切机会降低价格,与那一家公司抢生意;因此,这家公司在竞争的每一回合都把价格压低至 C。这里要说明的是,如果竞争双方均需保护声誉,便可能出现合作局面。如果只有一方需要保护名誉,就难以合作。

2. 这个例子和雇佣关系模型一样,包括各种形式的纳什均衡。博弈模型的一个非常著名的解是通俗原理。根据通俗原理,只要竞争双方均看重长远利益,所有使双方赢利,同时又使其利润总和小于独家垄断利润(指每一回合)的报酬都可能是纳什均衡的结果。如前所述,通俗原理提供了多种形式的纳什均衡,这一不足之处将在第五章和第六章进一步讨论。

为什么把博弈模型的一个解称为通俗原理?因为它符合人们的常识。对通俗原理作任何规范性的解释或证明都嫌复杂,而运用直觉观察却显而易见:竞争双方之所以合作,是因为他们受到对方威胁,一旦违背协议,就要遭受惩罚。只要目前选择的策略关系到长远利益,上述威胁就是保证合作的有效手段。由于通俗原理尽人皆知,它是博弈论所包括的民间常识,任何人都不曾宣称自己是通俗原理的创造者。

3. 在这个例子中,不仅有多种纳什均衡,而且有各种惩罚手段支持相应的纳什均衡。例如:竞争双方在博弈过程中分别采取如下策略:只要对方始终将价格确定为 P^*,自己将保证价格为 P^*,一旦对方价格低于 P^*,自己将在随后的五个或十个回合内,把价格降低至 C。在纳什均衡中,惩罚手段的应用促成了"价格战"。

4. 这个例子与雇佣关系模型一样,如果博弈过程包括有限的策略组合,便可应用逆向引导方式求解,其结果,整个博弈过程不复存在。下一节讨论的技术有助于解决这个问题。

5. 另一个与雇佣关系模型的共同点是,如果参与竞争的一方无法了解对方的策略或竞争双方对违背协议的行为相互原谅,则难以根据上述博弈过程作出圆满解释。

6.现实经济竞争的特点往往是:今天的竞争结果是明天竞争的条件。根据我们讨论的博弈过程,如果公司甲在第一回合攫取了巨额利润,对其在第二回合与公司乙的竞争没有影响。此外,可能出现的其他复杂情况是,消费者对生产者的忠诚将影响博弈过程;竞争双方"边做边学"(learning-by-doing),经验的增多可能使他们改变策略。总之,基本模型的各种演变不断为理论研究提出新的课题。

7.在某些情况下,以降价出售的方式进入少数制造商垄断的市场,并不困难。这种形势与我们讨论的博弈过程有所不同。这里要说明的是,少数制造商相互串通之所以能够有效地控制市场,是由于存在着阻止其他制造商进入市场的各种障碍。

综上所述,尽管以上讨论的少数制造商垄断市场的例子十分简单,模拟其博弈过程的模型在经济学中的应用十分广泛。我强调了它在工业组织学中的应用,因为我比较熟悉那个领域。事实上,在上一节涉及的与不容怀疑的威胁或承诺有关的所有领域,都可应用上述模型对可信程度进行分析。

参与者了解对手策略的重要性

图4.12描述了一种具有完整和准确信息的博弈过程,它被称为蜈蚣博弈(the centipede game),它的创造者是罗森塔尔(Rosenthal,1980)。

如图 4.12 所示,由于这是具有完整和准确信息的博弈过程,因而可以应用逆向引导技术求解。B 在末端结点如果选择策略 d,他所得报酬是 101;如果 B 选择 r,他的报酬为 100;所以 B 选择 d。A 在倒数第二个结点选择 D,可获报酬 99;如果 A 选择 R,他的报酬反为 98。B 在倒数第三个结点选择 d,可获报酬 100;如果他选择 r 报酬反为 99。依次类推,可知这个博弈模型的解是 A 在初始点选择 D,他和 B 的所得报酬都是 1。

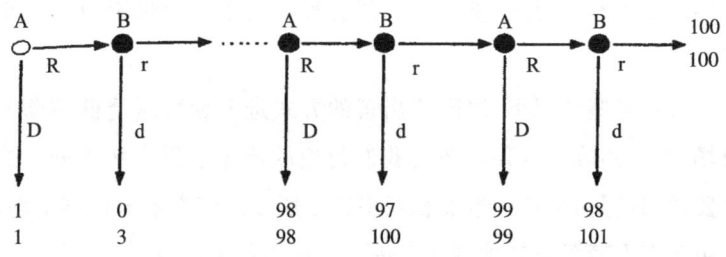

图 4.12 蜈蚣博弈模型

尽管逆向引导求解技术在理论上无可指责,但用于预测蜈蚣博弈的结局却令人难以信服。我在美国学生中做过类似蜈蚣博弈的试验,几乎没有人在第一回合选择 D。麦凯尔维和帕尔弗里(McKelvey & Palfrey,1990)也曾提供不同于上述结果的充分证据。

这种理论预测和实际证据的矛盾,在上一节讨论雇佣关系模型时也曾出现。那种模型的基本特征是存在着策略组合的无穷序列。如果参与者在某一回合意识到博弈过程将要结束,在理论上,整个模型便无法成立。然而,根据塞尔坦和斯托克(Selten & Sto-

第四章 博弈论的成功

ecker,1986)提供的证据,即使参与者意识到博弈过程将在某一回合结束,他们仍有可能维护自己的名誉。下面将以蜈蚣博弈为例,分析理论预测和实际证据的矛盾从何而来,其结论适用于其他类似形势。

在蜈蚣博弈过程,为什么 A 在第一回合可能选择 R? 假定 A 和 B 所得报酬以便士计。A 选择 D,报酬为一便士。A 选择 R,B 在第二回有两种选择方案。如果 B 选择 d,A 的报酬为零,与其选择 D 相比,A 的损失不过一便士。如果 B 选择 r,A 在以后的回合无论选择哪种策略,他的报酬也不会小于零。由此可知,A 选择 D 或 R,差别本不大。A 选择 R 的另一动机是他有可能获得高达 99 便士的报酬。B 在第二回合是否选择 r? A 认为,如果 B 的本性热衷合作,他将选择 r。但是 A 无法确定 B 的本性,所以他打算试试。即便 B 选择 r 的可能性仅有十分之一,A 也不愿丧失这一有利可图的机会。此外,A 的经验告诉他,即便 B 并不热衷合作,出于最大限度获取个人利益的动机,B 也会采取合作策略,从而使 A 有机会与他进一步合作。如果这一博弈过程只包括三个回合,上述分析可能意义不大;但是,蜈蚣博弈包括二百个回合,A 认为值得一试。

以上分析依据直觉,不具备科学的严密性,特别是与遵循严格演绎推理的逆向引导求解技术相比,上述分析更显不足。是否可以应用某种方法判断上述直觉的合理性? 信息不完整的博弈过程 (a game of incomplete information) 是有关博弈研究方法的一项重要创造,借助这个概念,可以确定上述直觉分析的合理性。

说明 A 在第一回合可能选择 R 时,一个关键问题是 A 无法确定 B 将选择哪种策略。图 4.13 的展开型模型模拟了此种不确定的形势及其相应后果。第一回合，由自然力确定，B 是热衷金钱，还是热衷合作。如图 4.13 所示，假定 B 热衷金钱，他所得报酬与图 4.12 相同。如果 B 热衷合作，他所得报酬与图 4.12 完全不同（图 4.13 模型的下半部分）。这里不能作详细说明，但应当指出，在图 4.13 模型的下半部分，B 总是选择 r，因为策略 r 明显优于策略 d。请注意图 4.13 中 A 的信息线。A 无法确定 B 是热衷金钱，还是热衷合作。A 只能依据 B 选择的策略判断他的为人。从图 4.13 的自然选择概率可知，B 热衷合作的可能性是千分之一。

信息不完整的蜈蚣博弈模型有一项重要假设，即所有参与者都假定其他参与者和他们一样了解整个形势。以图 4.13 为例，不仅 A 无法确定 B 究竟是热衷金钱，还是热衷合作，而且 B 知道 A 面临难以确定的形势；此外，A 也知道 B 了解此种形势。

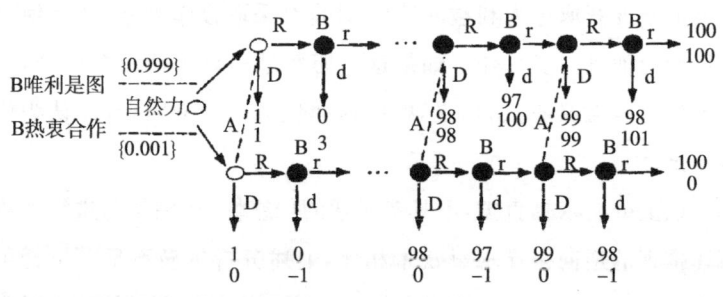

图 4.13　信息不完整的蜈蚣博弈模型

上述假设之所以重要，是因为 B 可能利用 A 所面临的不确定性。如果 A 可以确定 B 的策略，B 采取的行动将有所不同。B 的上述变动可能导致 A 改变策略及其他相应变动。图 4.13 描述了此种形势。图中模型有一个纳什均衡,在前 160 个回合中的所有奇数回合,A 选择 R;B 无论热衷金钱,还是热衷合作,对 A 选择策略的回应都是选择 r(后 40 个回合包括了 A 与 B 的复杂互动)。这是唯一"不容怀疑"的纳什均衡。

由于在此难以解释为什么上述策略组合是唯一不容怀疑的纳什均衡,有必要简要说明为什么下述策略组合不是不容怀疑的纳什均衡:A 在每一回合选择 D,如果 B 热衷金钱,选择 d;如果 B 热衷合作,选择 r。假定 A 出于偶然原因选择了 R,B 的回应是选择 r;A 在这种情况下可能继续选择 D 吗?答案是否定的。因为证据已经表明 B 热衷合作,在这种形势下,A 选择 R 可以获得较高报酬。假定 B 热衷金钱,A 在第一回合误选了 R,B 可能选择 d 吗?当然不会。在这种形势下,如果 B 选择 r,如上述原因,A 在下一个回合必定选择 R;A 的这一策略可以使 A 和 B 双方获益。最后一种假设是 A 在第一个回合误选了 R,B 的回应是选择 r,A 在下一个回合选择 R 不会招致任何损失,由此可知,认定 A 在每一回合选择 D 的假设是错误的。

如果认为以上分析不够深入,还可以从另一角度加以说明。只要 A 无法确定 B 的策略,并且 B 了解这一点,B 就会利用这种形势。在这个例子中,B 利用这种形势的手段,是选择谋求合作的策略;而 A 则愿意给 B 以利用这种形势的机会。事实上,可以设想一种比图 4.12 更为复杂的形势,即 B 热衷金钱,A 了解 B 热衷金钱,但是 B 无法确定 A 是否了解 B。在这种情况下,A 和 B 可以在大部分回合中合作。如果 A 选择 R,B 认为 A 可能无法确定

B是否热衷金钱,B选择r作为回应。即使A肯定B是热衷金钱,因为B将选择r作为回应,所以A在第一回合仍然选择R。

以上分析稍嫌烦琐,特别是它看上去与常识不符。但事实上,依据直觉可知,在蜈蚣博弈过程或其他类似形势下,参与者重复博弈,他们在不同回合之间的利益变化不大;如果每个参与者对于其他人选择的策略稍有不确定,将会影响整个博弈结果(指不存在此种不确定性时的博弈结果)。

这个结论是博弈论的一项重要贡献,由此可知,应用博弈论分析实际问题有一定的局限性。以上例子表明,任何相应形势稍有变化,都可能推翻原有的理论预测。上文曾间接提到博弈过程唯一不容怀疑的纳什均衡,然而,最好不要据此进行预测。因为这种预测和图4.12根据逆向引导求解技术所作的预测一样,任何相应形势稍有变化,都可能推翻这些预测。博弈论的这一贡献有助于解释存在于理论预测和实际证据之间的矛盾。实际证据(和常识)表明,我们对于蜈蚣博弈的理解还不充分,上述分析解释了造成此种不足之处的原因。

掌握秘密信息(Private information)的参与者互动

本书已经讨论了怎样应用博弈理论技术模拟和分析动态性的竞争互动。博弈论技术在另一种竞争形势的应用同样富有成效,即掌握秘密信息的参与者相互竞争。通常所说的信息经济学(information economics)就是研究这类问题。早期的信息经济学与博弈论无缘；然而，博弈论对于现代信息经济学的发展作出了重要贡献。例如：在市场信息传递（market signalling）和市场信息甄别（market screening）的不同形势下，博弈论概念可以帮助理解斯彭斯（Spence，1974）的信息传递模型（the signalling model）以及罗思柴尔德和斯蒂格利茨（Rothschild & Stiglitz，1976）的信息甄别模型（the screening model）之间究竟有什么差别。详见斯蒂格利茨和韦斯（Weiss，1991）的有关分析。此外，应用博弈论可以使根据上述模型所作的预测更为精确（Banks & Sobel，1987；Cho & Kreps，1987；Hellwig，1986）。与此同时，博弈论还应用于代理关系模型（agency models）和检索模型（models of search），并用来研究价格在不同条件下的形成。

为了具体阐述博弈论技术在上述形势的应用，下面介绍如何应用非合作博弈分析拍卖活动（auctions）。这个例子通常被称为获胜者的咒骂（winner's cruse）。

这个例子讲的是政府拍卖一个地区的石油开采权，购买者是几家大石油公司。政府提出如下条件：各公司必须在限定日期密封投标（sealed bid），说明可以一次总付的金额。出价最高的公司可获石油开采权，并按出价一次付清。获得石油开采权的公司必须按固定税率向政府缴纳石油销售税。参加拍卖的各石油公司无法确定那个地区石油或天然气的蕴藏量，它们只能根据各自搜集的资料进行预测。各个公司拥有自己的秘密信息，并以其为基础决定各自的出价。

一般说来，如果某公司的预测比较乐观，这家公司出价必然较高。正因为如此，人们称这种拍卖活动为获胜者的咒骂。如果这些公司公开各自掌握的秘密信息,所有公司都将获益。出价最高的公司掌握的信息往往最为乐观;如果这家公司可以分享其他公司掌握的信息,其预测可能不甚乐观。由此可知,如果所有公司只根据自己掌握的信息决定出价,忽视各自信息的片面性,必然导致出价过高,以至于获胜者最终意识到此种获胜其实是一场灾难。

以下博弈过程可以用来阐释上例。假定博弈过程的组织者手执一个装有货币的信封,其中的货币数量在零美元至 25 美元之间(假定货币数量代表上例石油和天然气的经济价值)。参加博弈的共有 10 人,他不知信封中究竟有多少钱。组织者给每人一张纸条,每张纸条写有不同的货币数量 $y_i = x + \in_i$(相当于上例公司掌握的秘密信息),参与博弈者根据纸条上的货币数量预测信封内装有多少钱。纸条上的货币数量是 $1/2 = x + \in$,其中,x 是信封内的实有货币数量,下标 i 表示第 i 个参与者,$\in_i$ 代表正态分布的误差,其平均数为零,方差为 2 美元。

假定甲的纸条上写着 y_7,甲等于 16 美元 57 美分,甲根据这一信息预测信封内的货币数量可能是 16 美元 57 美分。如果甲应用贝赛厄斯推论方法(Bayesian inference),他的结论是,信封内可能存在的各种货币数量呈正态分布,其平均数为 16 美元 57 美分,方差为 2 美元。如果甲是上例购买石油开采权的公司之一,甲的上述预测就是他根据自己掌握的秘密信息,对石油和天然气的经济价值所作的预测。

上述分析看上去合乎逻辑;但是,如果所有人都采用这种方式以期获得较高报酬,获胜者将成为倒霉者(与获得石油开采权的获胜者命运相同)。假设上述 10 人在报告预测结果时都采取上述方

第四章 博弈论的成功

式：即首先根据自己掌握的信息作出预测，然后减去一美元，将结果报告给组织者。在这种情况下，获胜者必然是写有最高货币数量的纸条持有者。尽管他报告的预测结果是纸条上的货币数量减去一美元，但是他掌握的信息，即他纸条上的货币数量，就其平均水平而言，明显高于其他人所持纸条上的货币数量。因此，他报告的预测结果必然高于信封内的货币数量，他的报酬为负值。获胜者实际上是吃亏者。

在这种形势下究竟应该怎样出价？设想一种对策过程，第一回合由自然力随机确定信封内的货币数量和 10 张纸条上不同的货币数量 $y_i = x + \epsilon_i$。然后，10 个参与者根据各自纸条上的信息，同时而且独立地向组织者报告预测结果（每个参与者根据纸条上的 $y_i = X + \epsilon_i$，可以计算出一系列货币数量，这个参与者对应每一货币数量都有一个信息点）。此种博弈过程非常复杂，以致难以描绘；但是可以运用分析方法求解。每个参与者都有一个投标函数（a bidding function）——如果你纸条上的货币数量是 15 美元 57 美分，你应该出价多少；如果是 15 美元 58 美分或 15 美元 59 美分，你应该分别出价多少——这个投标函数是每个参与者可能采取的策略之一。纳什均衡即是上述策略的组合。可以进一步研究的问题是，改变拍卖规则对拍卖结果可能产生什么影响；在购买石油开采权的例子中，如果有的公司掌握的信息比较充分，将怎样影响拍卖结果。此外，还可以研究拍卖活动的动态特征，即研究系列拍卖活动。早期拍卖活动的获胜者对于后期拍卖品的价值，拥有较为充分的信息。

结　　论

博弈论对于经济分析最重要的贡献,是帮助人们提出问题,并提供模型解决相应问题。应用展开型博弈模型,经济学家得以提出竞争性互动的动态问题;应用非合作博弈理论的其他理论——具有不完整以及(或)不准确信息的博弈过程(games of incomplete and/or imperfect information),如图4.9、图4.13以及上一节讨论的拍卖博弈——可以研究掌握专有信息(proprietary information)的竞争各方如何互动的问题。事实上,博弈论的模拟技术使人们把注意力集中于研究动态特征以及专有信息;这些问题的提出使得互动结构(the mechanics' of the interaction)——谁做什么？何时做？掌握哪些信息？(who does what when with what information)——成为研究重点。我和许多人都认为互动结构或互动的制度形式(institutional forms of interaction)是一个重要的研究题目。如果这种认识是正确的,那么,使人们的注意力集中于此并提出相应问题,无疑是一个显著的成功。

如果谈及博弈论的求解技术以及自这种理论提出的各种见解,我认为博弈论最成功之处在于使一望而知的直觉认识(common-sense intuition)规范化,从而使人们了解这类直觉认识怎样应用于新的形势,以及在较为复杂的形势下怎样获得这种直觉认识。非合作博弈理论应用于经济学的实例很多,本章引用的四个例子不仅阐释了非合作博弈理论在经济学中的主要应用,而且表明博弈论的成功在于把一望而知的直觉认识予以引申。

第四章 博弈论的成功

《经济学家》(1988年12月24日)曾经这样介绍一位著名的青年经济学家让·蒂罗尔(Jean Tirole,他曾经成功地应用博弈论研究工业组织):"蒂罗尔应用博弈论和其他鲜为人知的技术从事研究,他所应用的方法使过去在理论上难以解释的策略行为开始具有理论意义。"这段描述中有些形容词恰到好处,还有一些则使用不当。博弈论提出的问题正是那些"在理论上难以解释"的合乎情理的直观行为(intuitive behavior),非合作博弈理论只是应用数学理论提供了分析这类行为的简单工具。难道这些技术是"鲜为人知"吗?如果"鲜为人知"用在此处是强调分析技术的新颖,则无可指摘;否则,就是使用不当。因为博弈论的术语和技术并非或者说不应该与人们的常识有所不同。

应用博弈论进行经济分析,没有任何结论是神秘莫测,或令人难以理解的。正因为如此,人们很容易产生如下看法:"我早就知道这些结论。"事实上,当理论提供了一种解释之后,人们往往误以为在此之前自己已经知道那种解释。比较真实的反应是:"我在潜意识中知道这些结论"或"问题如此简单,我早就应该看出这些结论"。博弈论的成功之处正在于此。它的主要贡献在于:1. 提供了一种统一的语言,比较和对照不同形势下一望而知的直觉结论(如果结论 X 在形势 A 是可以觉察的,则 X 在形势 B 和形势 C 也应该可以觉察)。2. 提供了一种技术,探索在较为复杂的形势下怎样获得直觉结论(如果 X 在形势 A 是一望而知的结论,X′ 在形势 A′ 可能也是一望而知的结论)。3. 提供了一种手段,检验各种特定见解在逻辑上的一致性;提供了一种思想方法,即研究任何问题,如果有关假设稍有改变,便可能导致相应结论的重大变动;蜈蚣博弈为此提供了最好的例证(X 在形势 A 是预测结果,但 X 不是一望而知的结论,如果我们知道非 X 在形势 A′是预测结果,根据逻辑上的一致性,X 在形势 A 应是最后结论)。

上述贡献并非仅仅是应用博弈论技术的优越性,因为应用数学模型从事经济分析,大多具有上述优越性。重要之处在于,经济学的许多数学模型是极其有用的分析工具,特别应当指出的是,几乎所有博弈论模型,都能够成功地帮助我们理解各种经济现象。

关于书目提要的说明

我在此应当介绍从事博弈论研究的先驱者。逆向引导求解技术最初是泽梅洛(Zermelo,1913)提出的,但真正把它应用于比较复杂的博弈过程,从而促进了现代博弈论发展的是莱因哈特·塞尔坦(Reinhart Selten)。他在 1965 年和 1975 年就"改善"纳什均衡,发表了具有创见的文章[1],他提供了检验威胁和承诺是否可信的基本方法,他引导经济学家以动态方式思考问题。

如前所述,尽管通俗原理来自博弈论所包括的民间常识,詹姆斯·弗里德曼(James Friedman,1971,1977)[2]首先应用这一原理研究少数制造商如何相互串通以控制市场。罗伯特·奥曼和莱伊

---

[1] Selten, R. (1965). "Spieltheoretische Behandlung eines Oligopolmodells mit Nachfrageträgheit". *Zeitschrift für die gesamte Staatswissenschaft*, 12:301–324.

Selten, R. (1975). "Reexamination of the Perfectness Concept for Equilibrium Points in Extensive Games". *International Journal of Game Theory*, 4:25–55.

[2] Friedman, J. (1971). "A Noncooperative Equilibrium for Supergames". *Review of Economic Studies*, 28:1–12.

Friedman, J. (1977). *Oligopoly and the Theory of Games*. Amsterdam: North-Holland.

德·沙普利(Robert Aumann & Lloyd Shapley,1976)[1]最早对通俗原理作了规范性说明。

在运用阻截手段保持垄断地位的例子中,竞争者无法确定垄断者的生产成本;在蜈蚣博弈一例,参与者 A 无法确定 B 是热衷金钱,还是热衷合作;这些都是具有不完整信息的博弈过程。约翰·哈森伊(John Harsanyi. 1967-1968)[2]创造了模拟这种形势的模型。这一方法论的创新对目前经济学的发展有重要影响;借助这种方法,解决了许多过去难以用模型分析的问题。这一方法论的创新,使博弈论得以适用于信息经济学。

如果读者期望进一步了解如何运用博弈论进行经济分析,可以参考以下教科书。克雷普斯(Kreps,1990)[3]和拉斯穆森(Rasmussen,1989)[4]详细讨论了博弈论的基本概念,这两部教科书都阐述了博弈论和信息经济学的关系。蒂罗尔(Tirole,1988)[5]的教科书以"博弈论应用手册"(Game Theory User's Manual)作为附录。他的著作对于了解博弈论技术在工业组织研究中的应用极有价值。他详尽讨论了怎样运用阻截手段保持垄断地位,以及少数

---

[1] Aumann, R., and Shapley, L. (1976). "Long Term Competition: A Game Theoretic Analysis". Mimeo. Rand Institute.

[2] Harsanyi, J. (1967-1968). "Games with Incomplete Information Played by Bayesian Players". *Management Science*, 14:159-182, 320-334, 486-502.

[3] Kreps, D. (1990). *A Course in Microeconomic Theory*. Princeton, N. J.: Princeton University Press.

[4] Rasmussen, E. (1989). *Games and Information: An Introduction to Game Theory*. New York: Basil Blackwell.

[5] Tirole, J. (1988). *The Theory of Industrial Organization*. Cambridge, Mass.: MIT Press.

制造商如何相互串通以控制市场。如果读者对应用博弈论研究拍卖活动和投标竞争感兴趣,应当阅读麦卡菲和麦克米伦(McAfee & McMillan,1987)[①]的调查报告以及米尔格罗姆(Milgrom,1989)[②]的文章。

[①] McAfee,P.,and McMillan,J.(1987)."Auctions and Bidding". *Journat of Economic Literature*,25:699-738.

[②] Milgrom,P.(1989)."Auctions and Bidding:A Primer". *Journal of Economic Perspectives*,3:3-22.

第五章 博弈论的问题

本章将讨论应用博弈论模拟经济形势的四种缺陷(deficiencies)。以这四种缺陷提出讨论,是因为它们恰与前一章博弈论的成功之处相互联系;此外,这四种缺陷的起因相同,便于共同批判。须加以说明的是,博弈论还有其他缺陷,本章不拟逐一讨论。

会有读者认为,我在本章对博弈论过于苛求。因为在将要讨论的四种缺陷中,与其中三种缺陷有关的问题,博弈论尚未涉及。这些读者认为,苛求博弈论解决这些问题,是一种不切实际的要求。也许这些读者是正确的,但我希望本书读者能够看到,博弈论在经济应用方面确有不足,对此应该引起重视。第四章已经阐明,博弈论对于人们深入理解经济现象作出了重要贡献。本章所作的批判,概以上述贡献为前提。

在讨论博弈论的缺陷时,为方便起见,我将以讨价还价理论(the theory of bargaining)为例予以说明。希望读者不要误解为我在诋毁这个领域取得的成就。有关讨价还价的研究是一个极端困难的题目,因为它所涉及的正是博弈论难以妥善解决的问题。然而,与十年前相比,我们对于这项研究的努力方向已明确许多,这无疑是一个巨大进步。

要求明确无误的博弈方案

假定参与者甲和乙就如何分配某种商品进行谈判。具体程序如下:甲和乙被带进一间办公室,图5.1(a)表示其谈判内容,图5.1(b)是一份尚未完成的合同。谈判限定在30分钟内完成。图5.1(a)的阴影部分表明他们可以商讨的范围,例如:点(5,4)处在图中阴影部分,因此,甲可得报酬5,乙可得报酬4。点(5,6)处在阴影之外,因此,甲得报酬5,乙得报酬6,是无效协议。30分钟的时限一到,仲裁人进来检验合同。如果协议与图5.1(a)相符,且甲乙分别签名表示赞同,则可履行合同。如果协议与图5.1(a)相悖,或者合同上没有两人的签名,甲、乙只能各得1美元的报酬。

上例描述了经济学的一个重要问题。对此问题,经济理论只能依据特定形势作出大致预测。例如:如果甲和乙根据协议所得报酬少于在没有协议的情况下各自所得报酬(1美元),则甲、乙两人均拒绝签署协议。如图5.1(a)所示,如果甲、乙二人反复商讨,决定各得报酬4.9美元,其后,便几乎没有讨价还价的余地了。一般说来,完全竞争理论(the theory of perfect competition)即由此发展而来。如果甲无法与乙达成协议,他将另觅合作对象。只要存在完全竞争的市场环境,每个人都有很多机会选择合作对象。市场价格代表相应形势下所有参与者可获最高报酬的协定。还可以设想另一种形势:甲和许多参与者同处一室,按照规定,甲只能与其中的一个参与者签署协定;与此同时,其他参与者只能单独与甲签署协定。如图5.1所示,甲在这种形势下,可以利用其"垄断"

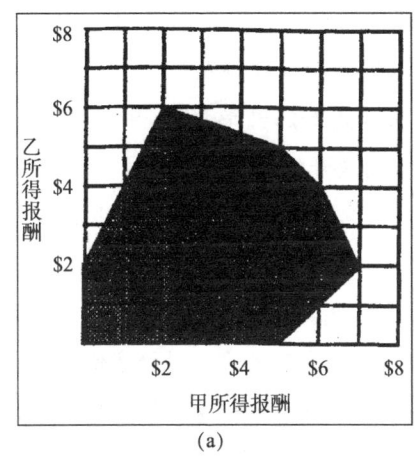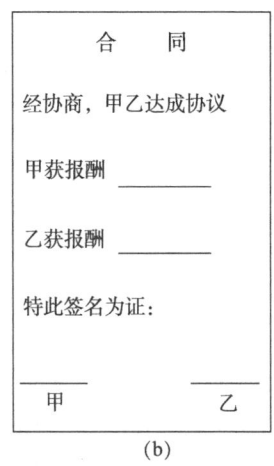

图 5.1 简单的讨价还价博弈过程

(Monopoly)地位,使自己获得报酬 7 美元,而使对方仅得报酬 2 美元。尽管实际形势比这复杂得多,但由此例可知,如果某公司垄断了一种商品的销售,而这种商品的需求量很大,销售商便可自行确定价格。

值得研究的是如何预测本节开头描述的那种形势,即只有两个参与者,他们无法找到其他替代性商品(这表明,如果不能达成协议,双方所得报酬分别为 1 美元)。经济学教科书称此种形势为双边垄断(bilateral monopoly)。大多数教科书只是说明这是一种十分复杂的形势,而无法进行预测。这些教科书只是空泛指出,对局结果部分取决于其他经济因素,部分取决于参与者的谈判技巧。

由于博弈论适于分析小范围内的竞争性互动(competitive interactions among small numbers of individuals),人们往往期望

这种理论能够弥补传统经济理论的空白。根据本书讨论的博弈论，模拟竞争性互动的模型要求极为准确地说明参与者可能采取哪些策略。然而，根据本节开头描述的那种形势，即甲和乙在 30 分钟内签署协议，难以建立相应的展开型博弈模型。换言之，在本节描述的博弈过程里，参与者可以采取的策略不计其数，以致无法使用展开模型进行分析。

以上所谈是博弈论的第一个问题。博弈论技术要求明确无误的"博弈规则"(rules of game)。类似本节描述的讨价还价博弈是一种自由式竞争(free-form competition)，分析这种形势超出了目前阶段博弈论的技术能力。分析自由式竞争，必须首先规定清晰明确的博弈方案。

此处有必要重申本章开头阐述的观点，即可以用以下论据反驳上述批判：非合作博弈理论是用来预测博弈结果怎样随着参与者策略的变化而演变。以较为夸张的手法表示，博弈论不能解决量子力学问题，也不能用来确定癌症的治疗方案，更不能用来创作奏鸣曲。然而，如果认为这些都是博弈论的缺陷，显然过于苛刻。因为博弈论本来无意涉及这类问题。同理，人们可以认为，博弈论是研究策略的演变如何影响博弈结果的分析工具。如果博弈方案不明确，问题本身便超出了博弈论的研究范围。我对此种反驳意见持有如下看法：如果博弈论的研究范围仅止于此，它作为分析某些重要经济问题的工具，其作用将十分有限。我认为正确的态度是不应过早放弃希望，而应该进一步研究如何改进这一理论，使其能够适用于博弈方案不甚明确的那些形势。

纳什均衡过多,以致无从选择

为了应用博弈论分析双边讨价还价问题,必须规定清晰明确的博弈方案。在不计其数的博弈方案中,有一种是十分简单的需求对策(demand game):两个参与者同时各自不知会对方而提出希望获得的报酬。如果两个参与者的要求可以相容(即位于图 5.1(a)的阴影部分),则履行合同。否则,博弈以无结果而告终。

可以使上述博弈过程变得较为复杂。如果两个参与者第一次分别提出的要求无法相容,第二轮,他们可以再次同时分别提出要求。如果双方所提可以相容,则履行合同;否则,便进入第三轮。如此反复,直至第十轮。如果第十轮之后,双方仍未达成协议,两个参与者所得报酬分别为一美元。

还可以使上述博弈过程变得更为复杂。由甲首先提出一个分配方案(提议甲、乙各得多少报酬),乙或者同意,或者反对。如果反对,乙可以提出两个新的分配方案,甲可以采纳其中任何一个。随后,甲和乙同时分别提出各自要求;……可以随意延长双方博弈过程,但必须遵循以下规定:第一,博弈过程必须包括有限回合。第二,最终结果如下:如果双方经历了众多回合的对局,仍未达成协议,甲、乙还可最后一次同时分别提出各自要求。如果双方要求可以相容,则履行合同;否则,双方所得报酬分别为一美元。

以上描述的所有博弈过程中,任何一种可行、有效以及合理的分配方案(feasible, efficient, and individually rational division)都是纳什均衡。这里的"分配方案"是指甲、乙各自得到的美元数量;

"可行"是指分配方案位于图 5.1(a)的阴影部分;"有效"是指没有另一种可行的分配方案可以使一方所得报酬不变,而使另一方所得报酬增加;"合理"是指分配方案使每个参与者所得报酬不少于他们肯定可以获得的报酬;在这个例子中,甲、乙肯定可以获得的报酬分别为一美元。

证明以上结论非常简单。任选一种可行、有效以及合理的分配方案,例如:甲得报酬 6.5 美元,乙得报酬 3 美元。假定甲采取如下策略:在一切可能的机会都要求得到 6.5 美元,同时拒绝任何报酬少于 6.5 美元的分配方案。乙对甲的最佳回应是要求得到 3 美元,因为乙自知无法得到更多,同时,他不可能要求低于 3 美元的报酬。(请记住,乙不可能拒绝签署协定;如果拒绝,所得报酬仅为 1 美元。)同理,如果乙在一切可能的机会都要求得到 3 美元,同时拒绝任何报酬少于 3 美元的分配方案,那么甲的最佳回应是要求6.5美元。

由此可知,这一博弈过程有许多纳什均衡。究竟哪一种纳什均衡是最后结论?尚无肯定答案。因此,博弈论的第二个问题是某些(重要的)博弈过程有许多纳什均衡,博弈论无法确定是否存在最后结论,以及哪一种纳什均衡是最后结论。

在许多形势下均可遇到纳什均衡过多,以致无从选择的问题,以上讨论的双方同时提案讨价还价(simultaneousoffer bargaining)只是其中一种。另一种非常重要的问题涉及重复互动及其声望(repeated interaction and reputation)。现举例说明。假定两人重复博弈,他们每天就囚徒困境的形势博弈,如图 5.2(a)。假定每个参与者都以最大限度获取报酬为目标,其所得报酬的计算方法是将每次博弈获取的报酬乘以 0.9^{n-1}（0.9 是折扣系数，n 表示对局次数），然后求和。（如果 $\{U_1, U_2, \cdots\}$ 是任一参与者所获报酬的无穷系列，其中 U_n 表示他在第 n 次博弈所获报酬，那么这个参与者的最终目标是获得 $\sum_{n=1}^{\infty} (0.9)^{n-1} U_n$ 的最大值。）

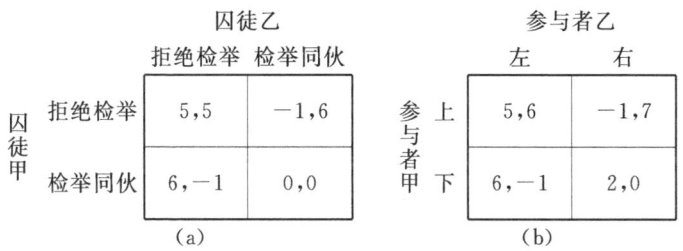

图 5.2　囚徒困境的博弈模型以及变异

尽管第四章没有详细讨论这个重复博弈模型，但不难证明，在这种形势下，双方只有透过合作才能实现非合作均衡（non-cooperative equilibrium）。每个囚徒均采取如下策略：

只要对方不检举自己，自己亦为对方保守秘密。对方一旦检举，自己在此后的所有回合均检举对方。

这是一种纳什均衡，因为透过合作每个囚徒可获报酬 50 美元（按目前价格计算）。如果拒绝合作，参与者只能在一次博弈中获利，而在其后所有的博弈过程中报酬为 0；因此，拒绝合作的囚徒可获报酬 6 美元。从本质上看，合作的承诺是可信的，因为拒绝合作会受到惩罚。与此同时，惩罚破坏合作的威胁也不容怀疑。因为任何一方采取非合作策略后，企图再次恢复合作都不可能，根据上述既定策略,另一方将永远采取非合作策略。

然而,这只是一种纳什均衡。另一种纳什均衡是两个参与者在所有博弈过程均采取不合作策略。还有一种纳什均衡更为有趣,参与者交替采用合作策略与不合作策略,其结果两人分别可得报酬约26.32美元(按目前价格计算)。以下两种策略构成另一种纳什均衡:

只要乙始终采取合作策略,甲便交替采用合作策略与非合作策略;乙一旦违背上述协议(假定甲没有违背协议的愿望),甲将永远采用非合作策略。

只要甲始终交替采用合作策略与非合作策略,乙便采用合作策略;甲一旦违背上述协议(假定乙没有违背协议的愿望),乙将永远采用非合作策略。

根据上述策略,假设甲首先采取合作策略,他的最终报酬是54.74美元,乙的最终报酬是21.58美元(均按目前价格计算)。为什么乙能够容忍这种报酬上的差距?因为乙意识到,尽管甲的报酬比自己高,但透过与甲合作,所获报酬高于违背协议后所获报酬。如果乙违背协议,他的最终报酬不过6美元。(为什么乙接受这个协议?假定报酬结果如图5.2(b)所示。甲反对双方持续合作的策略;因为在这种纳什均衡中,乙每一次对局可获报酬6美元,而甲只获报酬5美元;如果双方停止合作,甲可获报酬2美元,乙的报酬为0。上述报酬结构表明,甲对乙的威胁比较大。因此,在上述纳什均衡中,如图5.2(a),则不可能出现非对称的纳什均衡。如果报酬结构不对称，如图5.2(b)，则可能出现非对称的纳什均衡。)

一般说来，如果一组报酬可行，而且相应的参与者没有违背协议的愿望，便无须施行惩罚；那么，与这组报酬对应的策略便构成了一种纳什均衡。我们已经在两个参与者重复博弈的实例中阐明了这个原理；如果一方为一系列参与者所取代（每个参与者只对局一次，一系列对局便构成重复博弈），形势大致相同，如第四章介绍的雇佣关系模型。

选择纳什均衡的基础

为什么我们担心有些博弈过程包括过多纳什均衡？这个问题并非难以理解。例如：第三章曾经讨论有关城市分组的博弈，那个例子包括许多纳什均衡——至少有128种纳什均衡。不过我相信，在那个例子中，参与者总是选择一种特定的纳什均衡。

再看一个例子。图5.3(a)是图4.2夫妻之争博弈模型的翻版，只不过去掉了"拳击"和"芭蕾舞"等策略名称。两个参与者是从总体中依据随机原则被选出的。先选择甲，并让他在第一列和第二列之间选择策略，将其选择结果告诉仲裁人。然后，再选择乙，并让他在第一行和第二行之间选择策略。结合甲、乙两人的策略，便可知二者所得报酬各为多少。应当注意的是，必须在采取行动以前，向所有学生详细说明以上过程。

根据博弈论可知，如果先让乙选择策略，于全局无碍。因为这既不会影响参与者的策略，也不会影响双方所获报酬。乙先选择策略这一事实，使对局双方获得一种信息，这种信息成为协议双方选择策略的基础。根据我在斯坦福大学学生中所做的实验,在70%以上的博弈过程中,参与者似乎有一种共识,即首先选择策略的参与者总是能够得到他所期望的报酬。此处需预作说明以免误解。我在本书报告的各种实验结果中,上述结果最具偶然性(或者说,这个实验结果不太可靠,因为实验之前的讨论可能影响结果)。然而,上述参与者的共识毕竟反映了某种直觉。当与两种纳什均衡对应的报酬差距不大时,如图5.3(a),首先选择策略的参与者较易得到他所期望的报酬。如果与两种纳什均衡对应的报酬差别很大,如图5.3(b),情况将可能有所不同。

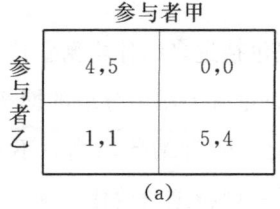
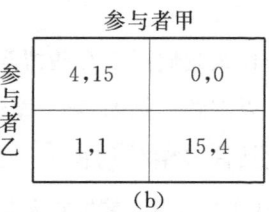

图 5.3 夫妻之争博弈模型的变异

选择以上两例是要说明:尽管某些博弈过程包括许多纳什均衡,但是,参与者"知道"怎样选择策略。参与者根据类似经验以及一般常识选择策略。博弈论作为一种规范化的数学理论,几乎完全没有说明在这种形势下参与者怎样选择策略,这种选择方式怎样以及为什么能够持续存在,也没有说明何时以及出于何种原因可以预料参与者会按照上述方式选择策略。托马斯·谢林(Thomas Schelling,1960)的著作[1]对这类问题作了最充分的讨

---

[1] Schelling, T. (1960). *The Strategy of Conflict*. Cambridge, Mass.: Harvard University Press.

论。遗憾的是，自那以后，对这类问题的研究几乎毫无进展。由上例可知，在博弈论看来，谁先选择策略无关紧要。但事实上，这是十分重要的问题，因为选择顺序是协调双方策略的基础。

就博弈论而言，这一结论可能过于苛刻。假定自总体随机抽取两个参与者进行夫妻之争的博弈，两人依次选择策略（第二个参与者不知第一个选择了哪种策略），并向总体中的其他人说明博弈结果。然后，再随机抽取另外两个参与者进行博弈。这一过程可以重复进行。不难想象，总体中的其他人自最初几次博弈结果可以"学到"在不同形势下，怎样与第一个参与者选择的策略相互协调。这种惯例一旦形成，将持续存在。由此可知，博弈论的上述缺陷（无法在许多纳什均衡中作出选择）实属事出有因，因为任何一种"惯例"都可能成为博弈结果。例如：如果由参与者构成的总体来自另一种文化背景，这种文化认为参与者之间意见分歧无关大局，那么对局结果就并非一定顺从第一个参与者的意志。根据我对朝鲜文化的了解，如果第一个参与者是朝鲜学生，第二个参与者是朝鲜教授，而且在一系列的对局过程中均作此种安排，可以肯定选择策略的先后于博弈结果没有任何影响。因为尊敬师长是朝鲜文化的重要特征。由此可知，如果博弈论没有告诉我们怎样在众多的纳什均衡中进行选择，表明这种理论承认存在各种可能的博弈结果。

总之，预言能否发展一种选择纳什均衡的理论，还嫌为时过早。目前可以断言的是，博弈论尚未提供这样的理论。

均衡分析是否不适宜？如果不适宜，应当怎样办？

下面继续讨论双方同时提案的讨价还价问题，如图 5.1(a)；以及重复互动的博弈过程，如图 5.2(b)。这些博弈过程都包括许多纳什均衡，然而，理论与常识都没有告诉我们（局外人）怎样选择纳什均衡。无法选择纳什均衡是否影响参与者？如果有影响，参与者将怎样选择策略？我们作为局外人无法选择纳什均衡，参与者是否能够依据常识选择纳什均衡？他们是否会感到形势不明以致在选择策略时不考虑纳什均衡？

这个问题的答案是明确的。参与者选择的策略可能极其恰当，但是与任何纳什均衡无关。不过上述问题比较微妙。例如：图 5.2(b)的重复博弈过程包括许多纳什均衡，很难断言参与者选择的策略与任何纳什均衡均无关。可以缩小纳什均衡的范围，例如：只研究参与者肯定选择的那些博弈过程（此种纳什均衡的名称是纯粹策略均衡：pure-strategy equilibrium）。在这种情况下，对双方讨价还价的博弈过程所作的预测将与事实不符（预测结果：双方无法达成协议的唯一可能是两个参与者的要求过高）。因而，应该考虑随机均衡（randomized equilibria）。此外，在任何博弈过程，参与者都可能认为他们无法确知对手的动机。这是具有不完整信息的博弈过程。在这种情况下，即便参与者选择的策略与纳什均衡一致，这类博弈过程也不同于我们所讨论的策略结构。某些初次接触博弈论的读者，可能不大理解这里所讨论的问题。因而，我打算从另外一个角度阐明以上问题。进行博弈论研究的理论家都很聪明，他们可以透过建构模型，把任何既定行为解释为一种均衡状态的必然结果。因而,上述问题的正确提法应当是:我们作为局外人,能否事先建构一个合理的模型,以确保参与者选择的策略符合模型中的纳什均衡?以博弈论作为经济分析的工具,必须认真研究这个问题。仅仅知道可以根据均衡理论解释人们的行为,不过是空洞的原则。只有真正了解这些行为,才能决定怎样解释它们。

根据直觉可知,在某些博弈过程中,参与者选择的策略,与模型中的均衡状态无关。在这种形势下,可以肯定每个参与者对于其对手如何行动都有基本的估计,也可以肯定参与者将据此决定自己的最优策略;难以肯定的是,参与者采取的行动必然构成均衡状态。因为每个参与者认为其对手只是按计划行动。

如果一旦承认事实上存在上述失衡的状况(disequilibrium situation),一个重要的问题便产生了:博弈论对此种形势有何研究?在这种情况下,怎样根据博弈论预测人们的行为?

博弈论中确有"非均衡"(nonequilibrium)或"失衡"(disequilibrium)等相关概念。合理策略(rationalizable strategies)这一概念即表述了上述形势。然而,这类概念都不具备较强的分析能力,难以用来进行预测。由此可知,目前需要一种研究动态行为的理论(theory of dynamic behavior)。它可能不具备均衡概念那样的分析能力,但它应当比合理性这类概念更为深刻。博弈论没有提供这种中层理论(middle-ground theory)。

在许多经济形势下,这种中层理论是极其重要的分析工具。例如:某种新产品上市或法律及技术结构变动引起的工业竞争。很容易想到的一个例子是美国民航业在政府解除管制初期的竞争。当时,参与竞争的公司采取的行动大相径庭,因为对于怎样形成竞争关系,他们的看法各异。事实证明,早期发生的各种事件,例如:公司封锁销售渠道、设置障碍阻止竞争者进入市场以及其他各种策略,对于后来形成的工业结构具有重要影响。然而,博弈论无助于分析这种形势,因为这种理论过分依赖均衡分析。

题外话:合作形势和讨价还价的博弈过程

如果博弈过程包括的纳什均衡过多,可以透过比较各种不同的形势,根据特定原则,选择适当的纳什均衡。这种方式与经济学中的比较静力学(comparative statics)反其道而行之,即依据适当的静态比较选择纳什均衡,而不是考察预期的均衡状态怎样随着模型参数而改变。这将涉及合作博弈理论(co-operative game theory),对本书主题来说这部分内容属于题外话。但由于与这里讨论的双边讨价还价形势有关,简略介绍其发展也不无必要。

图5.1代表双方讨价还价博弈过程的一般形式,由图5.1可知,双方可能达成协议,也可能无法达成协议。应用于此种形势的第一条原则是,参与者在对称形势(symmetric situations)下,将达成对称及有效的协议(symmetic and efficient solutions)。对称形势的一个实例是两个参与者谈判如何分配100美元,如果无法达成协议,双方报酬均为零。对称及有效的协议是指每人得50美元。应用于这种形势的第二条原则是,对某些可能达成的协议忽略不计,如果这些协议不是预期达成的协议,则不影响原有的预测。例如:在谈判如何分配100美元的例子中,可以事先说明,乙所得超过55美元的任何协定均无效。然而,根据第一条原则,已

经事先排除了达成此种协议的可能性。由此可知,即使有第二条原则的限制,两个参与者获得同等报酬仍是预期结果。应用于这种形势的第三条原则是一条技术原则。假定有两种双方讨价还价的博弈过程,其中第一种是第二种的正交转变形式(positive affine translation),即有一个常数 a(a 大于 0)和 b,如果(x,y)是第一种博弈过程可行的结果,那么(ax+b,y)则是第二种博弈过程可行的结果;如果(x^d+y^d)代表第一种博弈过程未能达成的协议,则(ax^d+b,y^d)是第二种博弈过程未能达成的协议。因此,根据第三条原则,如果(x^*,y^*)是第一种博弈过程的结果,(ax^*+b,y^*)则是第二种博弈过程的结果。可能某些读者认为第三条原则意义不大。但是,如果把计算参与者所得报酬的单位由美元改变冯·诺依曼-摩根斯坦效益水平(levels of von Neumann-Morgenstern utilities),便可理解这一原则的含义。在上述双方讨价还价的博弈过程中,可以使用基数效益函数(the cardinal utility function)代表参与者的选择意愿(preferences)。在所有讨价还价的博弈过程,只有纳什谈判结果(Nash bargaining solution)符合以上三条原则。如果你不喜欢上述三条原则,合作博弈理论可以提供其他原则。对此问题感兴趣的读者,可以阅读罗思(Roth,1979)的著作[1],他对讨价还价问题的论述极其精辟。

以淘汰方式选择纳什均衡

博弈论的第三个问题涉及均衡的淘汰(equilibrium refine-

---

[1] Roth,A.(1979).*Axiomatic Models of Bargaining*.Berlin,Springer-Verlag.

ments)。如果博弈过程包括许多纳什均衡，选择最终结论的方法之一是采用比较严格的均衡概念。均衡的淘汰对构成纳什均衡的行为有较为严格的要求，根据此种要求，参与者不得提出不切实际的威胁或承诺，也不应认定对方的策略为不可信。在应用博弈论进行经济分析时，普遍使用上述淘汰方法。本节将说明在淘汰均衡过程中存在的某些问题。

第四章曾涉及均衡的淘汰，这里举例予以说明。如图5.4(a)，U－ℓ和D－r都是纳什均衡。但是，U－ℓ之所以成为纳什均衡，是由于B在特定形势下以选择策略ℓ作为威胁手段。如第四章所阐述，只要能够肯定A选择策略R，B便不会选择策略ℓ，因此，U－ℓ作为一种不适当的均衡预测，予以淘汰。这里所用的淘汰方式是逆向引导。如图4.3，在冯·斯塔克尔伯格描述的博弈过程中，我们已看到怎样应用这种方法从众多的纳什均衡中选择最终结果。这种均衡淘汰概念的扩展是亚博弈的完善(subgame perfection)。图4.7表明了怎样应用这一扩展后的概念从众多的纳什均衡中选择最终结果。均衡淘汰概念的进一步扩展是连续均衡(sequential equilibrium)。图4.9的博弈过程应用了此种方法。

下面介绍第二个例子。如图5.4(b)，L－ℓ和M－r都是纳什均衡。但一般情况下，没有认为B会选择策略ℓ。B究竟选择哪种策略，取决于他如何确定A选择M或R的概率。如果B认为A选择R的可能性大于他选择M的可能性，则B选择ℓ。因而，问题转化为，如果A没有选择ℓ，B是否认为A选择R的可能性较大？如果A选择R，他可能获得的最高报酬是1；如果A选择L或M，他可能获得的最高报酬分别为2或3。因此，B认为A选择

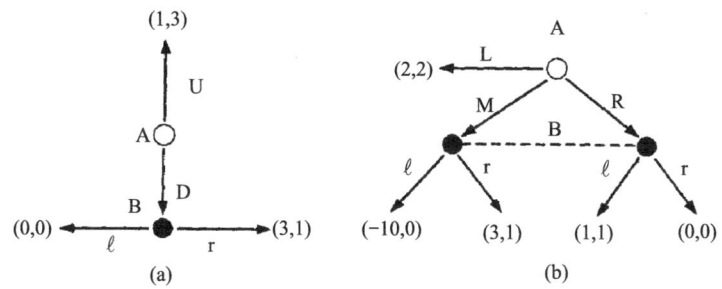

图 5.4 应用逆向引导和正向引导的两种展开型博弈模型

R 的可能性较小。出于这种判断，B 不会选择 ℓ，而必然选择非 ℓ（这里指 r）作出回应。其结果，只有 M－r 是纳什均衡。在有关文献中，上述分析被称作正向引导（forward induction）。这一概念的扩展在第四章提及的信息传递模型中具有重要意义。

近来文献常见对使用淘汰方式选择均衡予以赞誉以及应用此种方式的实例。事实上，第四章在讨论阻截垄断一例及其各种变异时，曾经依据上述淘汰均衡的逻辑，在数种纳什均衡中选择最终结果。然而，均衡的淘汰这一概念，仍有令人难以满意处。

均衡的淘汰以违背理论的行动

如图 5.5 的博弈过程，根据最简单的淘汰方式——逆向引导，可知这一博弈过程的结局是 A 首先选择 D；然后，在给定条件下，B 选择 r；最后 A 选择 R′。

假定参与者遵循与淘汰方式相反的逻辑，A 选择 R。B 意识到 A 没有按照淘汰均衡的理论选择策略。在这种情况下，B 是否可以肯定如果他选择 r，A 将遵循淘汰均衡的理论选择 R′？如果

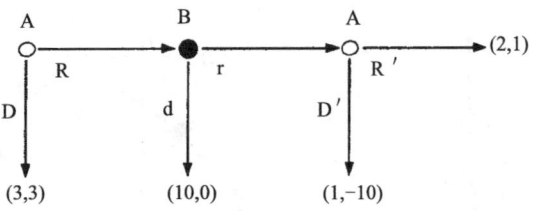

图 5.5　表明相反逻辑的展开型博弈模型

A 不选择 R′，B 将遭受重大损失。

如图 5.5，假若 B 无法对上述问题作出肯定答复，形势将变得比较复杂。如果预料 B 在 A 选择 R 之后，将选择策略 d，那么 R 便成为 A 的最佳选择。另一种可能的形势是，B 认为 A 在选择 R 时，对 B 存有期望，即 B 不会选择 d；此外，B 不怀疑 A 在给定条件下将选择 R′，因而，B 的最佳选择是 r。在这种情况下，A 是否会拒绝选择 R？

如果难以对以上问题作出肯定答复，扩充图 5.5 的博弈模型，将有益于进一步分析。如图 5.6，根据逆向引导理论，A 在第一回合选择 D″。如果 A 选择 R″，B 是否仍然依据上述理论选择 r′？如果 B 选择 r′，然后 A 选择 R（A 违背了逆向引导理论），B 由此可以得出什么结论？

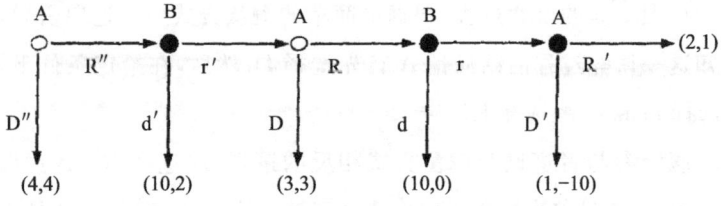

图 5.6　扩充后的表明相反逻辑的博弈模型

如图 5.6,扩充后的博弈模型看上去与蜈蚣博弈模型类似。这里暂不讨论上述博弈过程,因此有必要首先说明以下两个问题。

1. 以上提及的各种需要考虑的问题,对于冯·斯塔克尔伯格描述的阻止竞争者进入市场的博弈过程(图 4.3)影响不大。在那一博弈过程,每一个参与者只作一次选择。如果第一个参与者发现他人违背淘汰均衡理论,前者不必担心后者随后采取的策略是否符合这种理论。然而,如果上述博弈过程有所改变(如图 4.7),则难以作出肯定的判断。根据淘汰均衡理论,垄断者在第一阶段将采用标准垄断价格;如果垄断者没有采用此种价格,竞争者将不得不揣摩垄断者的动机。

2. 图 5.7(a)的策略型模型与图 5.4(a)的展开型模型相对应。从图 5.7(a)可以清楚看出 U—ℓ 和 D—r 都是纳什均衡。在第一个纳什均衡中,B 选择了一种优势较弱的策略(a weakly dominated strategy)。这意味着,如果 A 选择 U,B 选择 ℓ 或 r 所得报酬相同;如果 A 选择 D,B 选择 ℓ,所得报酬将明显低于其选择 r 所得报酬。因此,对 B 而言,r 比 ℓ 略具优势。在图 5.7(a)的策略型模型中淘汰 ℓ,相当于在图 5.4(a)的展开型模型中,应用逆向引导方式淘汰 ℓ。一般情况下,在具有完整和准确信息的博弈过程中应用逆向引导技术,相当于在对应的策略型模型中依次淘汰优势较弱的策略。不过,二者毕竟有所不同。在展开型博弈模型应用逆向引导进行均衡的淘汰,有助于理解在相应的策略型模型中,这一过程如何进行。例如:在策略型博弈模型中,B 很容易断言,A 将选择 U。因而,对 B 来说,选择 ℓ 或 r 没有区别。但是,在展开型模型,A 一旦选择 D,便打破了 B 的设想。在这种情况下,B 必须选择对自己最有利的策略 r。

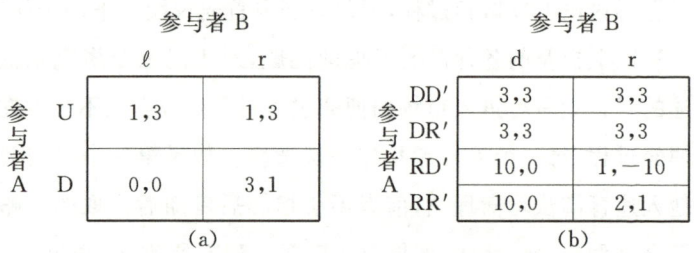

图 5.7　分别与 5.4(a) 和 5.5 对应的策略型模型

图 5.7(b) 是与图 5.5 对应的策略型模型。与图 5.5 逆向引导相对应的过程如下：在参与者 A 看来，RR′ 与 RD′ 相比，RR′ 具有较强的优势，一旦 RD′ 被淘汰，在参与者 B 看来，r 与 d 相比，r 具有较强的优势。一旦 d 被淘汰，对 A 来说，与 RR′ 相比，DD′ 和 DR′ 都具有较强的优势。可以按照策略型博弈模型思考这一过程。B 按如下逻辑推理：只要 A 认为 B 有可能选择 r，对 A 来说，RD′ 就不是最优策略；如果 RD′ 被淘汰，对 B 来说，r 比 d 具有优势。同理可以证明，对 A 来说，以 D 打头的策略优于以 R 打头的策略。按照策略型模型思考这一过程，是在主观上进行逻辑推理。这种推理过程难以使 B 处于客观上可能出现的困境之中，即如果 A 选择了 R，B 只能预测 A 的进一步选择是什么。

这一节的主要论点是，应用博弈论进行经济分析，经常采用逆向引导和正向引导等方式进行均衡的淘汰。采用此种淘汰方式的基础是如下假设：在博弈过程中，任何违背淘汰理论的行为，在随后的博弈过程中，都未能妨碍参与者继续遵循这一理论行事。换句话说，假定一个公司的生意出现了反常状态，但未加任何说明，便要求公司职员认定生意如常。这种做法显然无法令人满意。

完整的理论（Complete theories）

为了解决上述问题，首先必须回答以下问题。如果某些参与者违背了淘汰均衡理论，他们的行为意味着什么？为什么会出现这类问题？这种行为对未来有什么影响？

在近期文献中，有一种观点试图了解、解答上述问题将对现状（指人们并没有怀疑各种淘汰均衡的方法）产生何种影响。有的作者提出一种"完整的理论"。这种理论不排除任何参与者可能采取的行动，其中当然包括与均衡状态无关的行动。他们根据这种理论，分析淘汰均衡问题。

一旦从理论上阐明为什么会出现违背淘汰均衡理论的行为，这些行为便不再与理论相悖。因而，应该称其为反均衡的行为（counter-equilibrium actions）。

这种"完整的理论"并非是新的创造。塞尔坦（Selten）在1965年和1975年曾分别就均衡的淘汰问题，发表研究成果。塞尔坦提出了一种理论，任何参与者在任何信息线上，都可能出于偶然原因，采取出乎意料的行动；我们（以及博弈过程中的参与者）认为这是相应参与者的疏忽。出现这种疏忽的可能性很小，因为参与者通常按照个人意愿，采取有目的的行动。塞尔坦进一步假设，在展开型博弈模型，某一参与者在特定信息线上出现的疏忽，绝不会增加他本人或其他参与者在另外的信息线上出现疏忽的可能性。例如：在图5.5的博弈过程，A选择R是一种疏忽，然而，B认定这种疏忽对A随后的行动没有影响，即A第二次犯错误的可能性不会有所增加。因而,B毫不迟疑地选择r。当然,A可能再次出现疏忽,不过,只要A犯错误的可能性很小,对B而言,策略r仍然优于d。

如果以这种方式解释反均衡行动,那么逆向引导以及其他类似的淘汰方式都是合理的。正向逆寻(如图5.4(b))是否合理?如果在图5.4(b),A的意愿是选择L,那么他选择M或R都是一时疏忽。根据上文淘汰L-ℓ时所作的分析,参与者似乎比较容易犯某种错误,而不大容易犯另一种错误;即A比较容易出现的疏忽是选择M,不大容易出现的疏忽是选择R。不难找到支持如上分析的实例。如果某种疏忽造成的后果不如均衡状态,另一种疏忽的后果比均衡状态好(尽管这种可能性很小),参与者必然更为注意防止第一种疏忽。然而,另一种意见与此针锋相对。迈尔森(Myerson,1978)认为,一种疏忽是否出现,必然与此种疏忽造成的损失有关。参与者总是留心避免犯损失大的错误。因而,这类疏忽出现的可能性较小。如图5.4(b),假定L-ℓ是最终选定的纳什均衡,A由于疏忽选择M,所得报酬是-10;A出于疏忽选择R,可得报酬1。由此可知,选择M造成的损失远远超过选择R。迈尔森的结论是,A选择M的可能性比选择R的可能性小得多。在这种形势下,如果B认定所有"非L"都是A的疏忽,而且B认为A选择M的可能性比选择R的可能性小得多,B自然选择ℓ。由此可知,L-ℓ是最终选定的纳什均衡。

尽管塞尔坦为逆向引导以及其他类似的淘汰方式提出了理论依据,对于反均衡行动的其他解释,仍然使人对上述淘汰方式存有疑问。其中一种解释是,参与者无法确定其对手可能获得的报酬。

根据这种解释，上述淘汰方式存在严重问题。在介绍这种看法之前，有必要对有关问题加以说明。

何谓参与者的报酬？

在经济学家建构的模型中，参与者所获报酬往往成为以货币为代表的行为动机。如果货币数额过大，可以使用冯诺依曼—摩根斯坦效益函数进行分析，并且假设参与者避免采取冒险行动。如果以货币表示报酬结果，通常假设参与者总是期望获得较多的货币。

然而，参与者并非仅仅关注货币报酬。根据第四章介绍的蜈蚣博弈过程，某些参与者本性热衷合作，这种本性决定了他拒绝选择有损于对手利益的策略 d。由此可知，参与者之间是有差别的。有的参与者受本性驱使，专门选择损害对手利益的策略，甚至不惜自己遭受损失。另外一些参与者则避免选择那些有损个人声誉的策略。

现试举例说明。假定参与者 A 与 B 进行讨价还价的博弈，决定如何在两人之间分配 10 美元。首先由 A 提出一种方案，即由 A 决定他和 B 的报酬各为多少。B 或者采纳，或者拒绝这一方案。如果 B 拒绝，将由他提出一种如何分配 1 美元的方案。A 同样既可采纳，也可拒绝。如果 A 拒绝 B 的方案，两人报酬均为零。这是一个具有完整和准确信息的博弈过程，可以应用逆向引导方式求解。如果 B 拒绝 A 提出的方案，并在自己随后提出的方案中，使 A 的报酬为 1 美分，那么 A 必然接受 B 的提案；因为如果 A 拒绝，他的报酬将为 0。由此，B 确信，如果他有机会提方案，他便可以得到99美分。但是,B的报酬无论如何不能超过1美元。假如A在第一回合的提案中,使B的报酬为1美元1美分,则B必然接受这个方案。因此,A在提案中,应使B获得1.01美元,而他本人所得报酬为8.99美元。

上述分析尽管在逻辑上无懈可击,在实际生活中却似乎行不通。根据实验结果,A使B获得1.1美元,甚至1.5美元的提案,均遭到B的拒绝。值得注意的是,如果A在提案中使B获得1.5美元,这对B来说是再好不过的结果了。因为B一旦拒绝这一提案,绝对不可能获得比这更高的报酬。在第二回合,B最多只能得到一美元,况且A还有可能反对B的这一提案。然而,出现于实验中的事实是,在某些情况下,B拒绝接受A分配给他的1.5美元。在第二回合,B提出每人各得50美分的方案。

奥克斯和罗思(Ochs & Roth,1989)将上述实验结果加以总结。他们根据常识作出如下解释:参与者B感兴趣的不仅是最大限度地获取货币报酬。如果他同意A拿走8.5美元,留下1.5美元,他觉得自己在受人愚弄。B之所以拒绝A的提案,而提出各得50美分的新方案,是由于拒绝受人愚弄的意愿超过他获取较多货币收入的愿望。因而,不能简单地以模型中货币数量或相关单调函数(monotone function)代表B的所得报酬。模拟这种形势的模型如果过于简单,将导致错误的预测。

当然,在这类实验中,并非所有的B都拒绝报酬为1.5美元的提案。因此,A在提出方案以前,力求判断B是否可能拒绝所得报酬为1.5美元或2美元等一系列方案。为了便于分析,可将上述博弈过程高度简化。A在第一回合可能提出两种方案。第

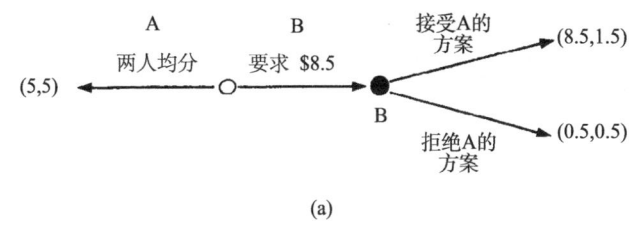

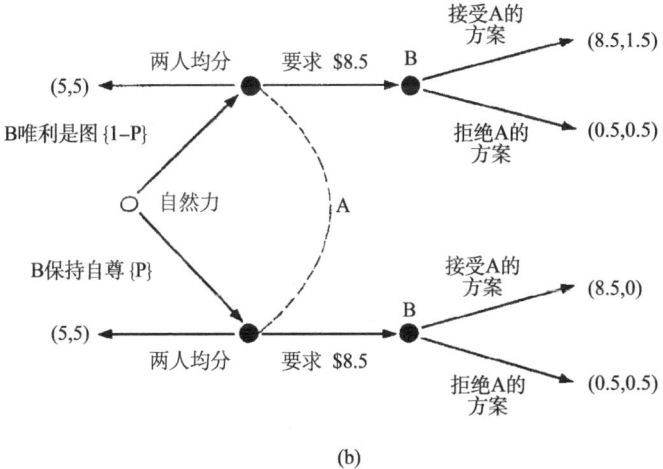

图5.8 两种讨价还价模型,参与者之一方有及没有不确定的动机

一方案,两人各得5美元;第二方案,A得8.5美元,B得1.5美元。如果A提出第一方案,B肯定采纳。如果A提出第二方案,B将拒绝;然后B提出各得50美分的方案。如果我们以货币数量代表参与者所获报酬,图5.8(a)的博弈模型可以代表上述博弈过程。应用逆向引导求解技术可知,A在提案中使自己获得8.5美元的报酬,B接受这一提案。然而,这种预测显然无法令人满意;

因为上述模型未能适当模拟相应形势。在相应形势中，B将拒绝A使B获得1.5美元的方案，并且提出每人各得50美分的新方案。B则满意于自己使A未能逞其贪欲。图5.8(b)的博弈模型模拟了这种形式。第一回合由自然力决定B是接受A使B获得1.5美元的方案，还是保持自尊（拒绝A使B获得1.5美元的方案）。如图所示，B保持自尊的概率是P。然而A不知自然力选择的结果，即他不知B是热衷金钱，还是自尊心盛。图5.8(b)的上半部分模拟了热衷金钱的B，模型中以货币代表其所得报酬。图5.8(b)的下半部分模拟了自尊心盛的B，所以他的报酬与上不同。这里无须计较货币数量是否准确，基本的原则是，B自认从每人各得50美分的方案中所获报酬，超过了A使B获得1.5美元的报酬。根据图5.8(b)，A究竟提出哪种方案，取决于他对P值的估价。如果P近似于0，他将提出使自己获得8.5美元的方案；如果P接近于1，他将提出两人各得5美元的方案。如果P值接近于0.5，A无论提出何种方案，均无甚差别。

当然，现实中双方讨价还价的博弈过程要比这复杂得多。A可以提出许多可供选择的方案，而并非只有以上两种。B可能热衷金钱，但也可能出于其他考虑拒绝A的提案。例如：B在以上形势均有可能拒绝A的提案：B所得报酬少于1美元，或少于1.5美元，或少于两美元。同时，B将担心一旦拒绝了A的提案，A对B的提案将作出何种反应。A是否要报复B？假设B打算拒绝A使B获得1美元的提案，并且准备提出双方各得50美分的方案，如果B知道A将拒绝自己提出的方案，B是否仍然按原计划行事？一旦将以上各种不确定性引入博弈模型，形势将变得相当复杂,本节结尾部分将讨论这些问题。

这里有必要返回最初的题目。以上所谈有两个问题与均衡的淘汰和完整的理论相关。第一,如图5.8(a),如果B不是热衷金钱,他将拒绝A使B获得1.5美元的提案。大量实验证据表明,实际生活中确有这种人,因为并非人人都只看重金钱。由此可知,切实有用的博弈模型,应当尽可能反映这一现实。第二,如图5.8(b),B并非只看重金钱的概率P的取值十分重要,P值并非只是千分之一或万分之一。实验证明,P值通常可达到40%或25%。

不涉及报酬不确定问题的完整理论

在特定的博弈过程中,如果某参与者的确不以金钱为唯一的行为动机,则应当在模型中反映这一事实。虽然人们都认为参与者未必仅仅依据给定的报酬选择策略,但是,一旦看到反均衡的行为,人们仍然认为是给定的报酬影响着策略的选择。因而,人们往往认为参与者连续采取反均衡行为的可能性较高。

如果以上述理论解释反均衡的行动,逆向引导逻辑则令人怀疑。如图5.9,假定图中报酬以美分计,根据逆向引导逻辑,A将选择RR′,B将选择r。现在设想一下,是否存在A选择D,B选择d的可能性。如果B有意选择d,显然A应该选择D。但是,根据逆向引导逻辑,B不可能选择d。在给定条件下,A在最后一个回合将选择R′。所以,对B来说,策略r优于d。

参与者B对以上分析的答复如下:"A认为我将选择d,所以,我预计A选择D。如果A选择R,A的行动将与我对均衡的预测相矛盾。我认为A之所以选择R,是由于他不喜欢我,他宁肯牺

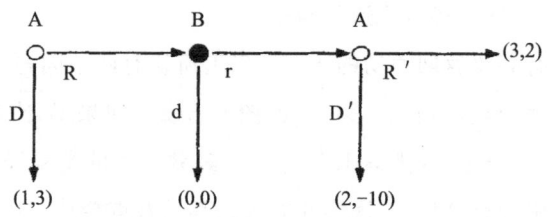

图 5.9 显示逆向引导与参与者交恶相互矛盾的展开型模型

牲自己的利益,也不愿让我获得较高报酬。最初,我并未想到 A 对我怀有恶意;一旦发现他选择 R,我即明白,A 居心不良。因此,我有充分理由选择 d。"

此处并非想以 B 的答复为依据,说明 A 应当选择 D,也并非说明 D—d 是这一博弈模型的解。但是,如果参与者以这种逻辑阐明他们为什么采取反均衡的行动,根据逆向引导逻辑所求的解 RR′—r,自然令人产生疑问。

如果人们认为反均衡的行为起因于参与者的报酬不同于模型中标明的数字,究竟可以事先排除哪些均衡状态?这里考虑的形势是某些参与者认为其他参与者采用不同报酬标准的可能性很小。然而,一旦出现反均衡的行为,上述可能性将显著增加。尽管上述问题的答案取决于提问的方式,仍然可以在文献中发现这些答案。根据这些答案的基本精神,在求解过程中,对每一个参与者最多只能应用一次逆向引导逻辑。否则,这种均衡的淘汰经不起推敲。根据解释反均衡行为的完整理论,如果对任何参与者不止一次地应用逆向引导逻辑,这种均衡的淘汰令人怀疑。

均衡的脆弱

如果把上述分析进一步引申，可以提出另外一个问题。当完整的理论解释了反均衡的行为，把主要注意力集中于纳什均衡是否恰当？换句话说，尽管参与者事先认定出现反均衡行为的概率不大，但这类行为一旦出现即表明某些参与者的报酬标准与模型中的既定标准不同。在这种情况下，是否仍然如前所述，所有一望而知的策略都是纳什均衡？

如第四章所指出的，从实际角度来看，上述问题的答案是否定的。例如：在蜈蚣博弈以及与其类似的其他博弈过程，参与者重复博弈；尽管某些参与者的报酬标准不同于模型中既定标准的可能性很小。然而，这种可能性能够彻底推翻对纳什均衡所作的预测。在蜈蚣博弈过程，假定 A 认为 B 或者 B 认为 A 热衷合作的可能性仅仅是万分之一，那么在博弈的第一回合，相应的参与者将以博弈 R 代替 D。如果相应的模型未能反映这一事实，那么上述策略便不是纳什均衡。

我在第四章曾经指出，在蜈蚣博弈过程中的上述发现，是博弈论的一项重要贡献。然而在这里，我又将上述发现作为博弈论的一个问题（指上述均衡的淘汰经不起推敲）。有必要对此种矛盾加以解释。

任何规范性的数字模型都是模拟一种既定形势，模型所表示的形势只能与既定形势大致相同。因而，最重要的是应该有一种感觉——可能是直觉，当然最好是有理论基础的认识——在什么情况下，建构模型的人对模型的某些特征难以确定，以致影响相应的结论。在这种情况下，相信自模型推导出来的结论十分危险。相信一种理论的前提是，理论推导过程的任何微小变化都不致推翻或导致原有结论作重大变动。要想知道在什么情况下可以相信某种理论，了解在什么情况下不应相信这一理论是有益的。

正是根据这一点，我认为自本节得出的结论是博弈论的一项重要贡献，因为我们了解了某些应用十分普遍的分析工具的局限性。如果完整的理论可以解释反均衡的行为，那么当不止一次地对参与者应用逆向引导逻辑，并以此为基础进行预测时，这种理论便值得怀疑。

令人遗憾的是，经济学许多应用博弈论的成功实例都对参与者反复应用逆向引导逻辑。认识到应该对上述应用持批判态度是件好事。

双方轮流提案的讨价还价博弈过程

本章曾经讨论过双边的讨价还价博弈过程，并借助这一博弈过程阐述了上述观点；本节以下部分将讨论有关双边讨价还价博弈过程的一个新的重要创造，即实行双方轮流提案的博弈模型 (models that use alternating-offer protocols)。

首先对本章曾经讨论的双边讨价还价博弈略作修改。两个参与者商议怎样分配一笔钱，任何分配方案都必须切实可行；如果两人无法达成协议，每人报酬均为 0。与前不同的是，这里两人打算分割的那个"馅饼"，随着时间的推移，体积逐渐缩小。这里的意思是，当时间 t 等于 0 时，如果两个局中人达成某种分配协议，他们所分配的钱数是 100 美元。当时间 t 大于 0 时，如果两人达成分配协议,他们所分配的钱数则等于 \$ $100\delta^t$;其中 δ 是已知数,它大于 0,小于 1。假定时间以小时计,如果 t 等于 2,则意味着谈判两小时后双方才达成协议;如果 t 等于 1.5,意味着谈判时间为 1 小时 30 分钟。假定 δ 等于 0.5,则"馅饼"的体积每小时缩小一半。

馅饼体积逐渐缩小这一事实,并未改变上文讨论两个参与者同时提出各自要求时的博弈结论。假定双边讨价还价的过程如下:自 t 等于 0 开始,每隔 30 秒,两个参与者同时各自提出自己的要求(以百分比表示)。如果第一次两人提案合计恰好等于 100 或少于 100,便停止计时,两个参与者采用同样方式继续分配剩余的钱。例如:如果两个参与者在第七回合达成协议(谈判已超过 3 分钟,即 0.05 小时),A 可得 60%,B 可得 35%。因而,A 所得报酬等于 $(0.6)(\$100)(0.5^{0.05}) = \$57.9562$,B 所得报酬等于 $(0.35)(\$100)(0.5^{0.05}) = \$33.8078$。根据上述博弈规则,存在许多纳什均衡。例如:在第一回合,只要两人提出的要求等于 100 或小于 100,任何分配方案都是纳什均衡。如果两人谈判超过了 10 分钟,馅饼体积已明显缩小,只要两人能够达成协议,相应的分配方案仍然是纳什均衡。

现将博弈规则稍加改动。假定每个回合只有一个参与者提出方案;可以设想一种博弈过程,参与者持有许多类似图 5.1(b)的空白合同。参与者 A 在第一回合填写第一份合同(说明 A、B 所得报酬各是多少),然后交给 B 签字。如果 B 同意,便达成了协议。如果 B 不同意,他将填写第二份合同,并请 A 考虑。如果 A 签字,表明分配方案成立。如果 A 不同意,他将填写第三份合同。这一过程反复进行,直至两个参与者最终达成协议。在上述博弈过程,两个参与者轮流提案;因此,这一博弈过程被称作双方轮流提案的讨价还价。假定每个参与者需要 15 秒钟填写合同,斟酌其可否所需时间甚短,可以忽略不计。

这一博弈过程仍然包括许多纳什均衡。例如:如果 B 采用的策略是拒绝所得少于 80% 的任何提案,并且始终坚持使 A 所得为 20% 的分配方案。那么,A 的最优策略应当是在第一回合提出使 B 获得 80% 的方案。同理,如果 A 坚持其所得不能少于 80%,B 也应该在第一次提案中使 A 获得 80%。

应当指出,上述纳什均衡之所以存在,其基础是 B 提出的令人难以置信的威胁。假定 A 在提案中使 B 获得 79.9%,根据上述纳什均衡,B 将反对这一提案,而坚持使 A 所得为 20% 的提案。然而,这里应当考虑时间因素的作用。因为 B 填写另一份合同需要 15 秒钟。假定馅饼的最初价值为 x 美元。B 在第一回合接受 A 的方案,可得 0.799x 美元。如果 B 拒绝 A 的提案,A 在第二回合采纳 B 的提案,即 A 同意 B 获得 80%,B 所得将为 $(0.8)(0.5^{1/240})x = 0.7977x$ 美元。难道 B 会拒绝 0.799x 美元,而只求获得 0.7977x 美元吗?

鲁宾斯坦(Rubinstein,1982)自上述博弈过程作出了重要发现[①],尽管双方轮流提案的讨价还价博弈过程包括许多纳什均衡,但只有一种纳什均衡,其中不包括任何令人难以置信的威胁。根据这种纳什均衡,A 在第一回合提出自己所得报酬略大于 50% 的

---

① Rubinstein, A. (1982). "Perfect Equilibria in a Bargaining Model". *Econometrica*, 50:97 – 110.

方案，B接受此一方案。

这里所说的"一种纳什均衡，其中不包括任何令人难以置信的威胁"，其含义究竟是什么？上述博弈过程具有完整和准确的信息，但是包括无数回合（两个参与者始终无法达成协议）。因此，无法应用逆向引导求解技术。最初，鲁宾斯坦以亚博弈的完善这种淘汰均衡的方法作为其基本依据。后来，他采用其他论证方式获得同样结论。例如：假定谈判持续30天（最初的100美元已经变成（\$100）$(0.5^{(24)(30)})= \$1.831 \times 10^{-215}$）。在这种形势下，博弈过程包括有限回合，因而可以应用逆向引导求解技术，其结果即是上述纳什均衡。

由此可知，模拟双边讨价还价的博弈模型，存在着一个确定的解。这里有必要说明几种有关的变动。

1. 参与者依照上述博弈规则行事，所不同的是，A的思维能力较强，他填写合同的时间仅为5秒钟，而B仍需要15秒。在这种形势下，可得唯一一种不包括令人难以置信威胁的纳什均衡；其中，A可得75美元，B可得25美元。由此可知，B填写合同的时间是A的3倍，因此，A所得报酬是B的3倍。

2. 参与者依照上述博弈规则行事（指每人均用15秒钟填写合同），所不同的是，两个参与者各自提出的要求必须是一美元的整数倍。这种博弈过程包括无数纳什均衡，这些纳什均衡都不包括令人难以置信的威胁（如果馅饼体积不是每小时减少一半，而是每两天减少一半，那么，当两个参与者的要求分别为一美分的整数倍时，博弈过程同样包括无数纳什均衡）。因此，鲁宾斯坦的结论是否正确，取决于A与B怎样分割100美元。

3. 假定馅饼体积不会因谈判过程的拖延而缩小，即 100 美元的价值不会减少。但是，参与者必须自备合同，即 A 每次向 B 提交分配方案需花费 1 美分，B 每次向 A 提交分配方案需花费 1.1 美分。这个博弈过程只有一个纳什均衡，其中不包括令人难以置信的威胁。在这个纳什均衡中，如果 A 在第一回合提案，他可提出并得到 100 美元。如果 A 第二次提案，他可提出并得到 99 美元 99 美分。由此可知，即便两个参与者为提案支付的代价略有差异，支付代价较少的参与者几乎可以获得整个馅饼，而支付代价稍多的参与者几乎什么也得不到。

非合作博弈理论的贡献之一是使我们了解竞争性互动规则的变动怎样导致博弈结果的演变。在上述各例中，可见博弈规则对于博弈结果的影响。然而，博弈结果的改变并非仅凭直觉便可以观察到。我们在上文曾表达过一种希望，希望在双边讨价还价的博弈过程中，博弈结果最好具有相对稳定性，而不致随着博弈规则的变动而改变。因为这种稳定性有利于预测博弈结果。然而，由以上各例可知，这种期望是不切实际的。

以上各例中的博弈过程均具有蜈蚣博弈特征，即参与者重复博弈，他们在不同回合之间的利益变化不大。因而，如果 A 对于 B 选择的策略稍有不确定，例如：A 认为 B 有 1% 的可能拒绝使 B 所得少于 90% 的任何分配方案，这种认识将会影响整个博弈结果，即上述博弈规则变动造成的影响将会消失。在这种形势下，任何切实可行的纳什均衡都将使 B 获得 90%。如果 A 与 B 之间相互不确定的程度更为严重，结果如何？据我所知，这个问题尚未引起足够的重视。我预料，答案将基本相同，即由于参与者无法确定对方采取的策略,因而博弈规则的微小变动变得无法觉察。说得更准确些,如果轮流提案的时间间隔比较短,博弈规则的微小变动,便不易觉察。如果参与者需要花费 30 分钟才能提出分配方案,与此同时,馅饼的体积每 30 分钟便缩小一半,博弈规则的变动则将产生"重大"影响。不过这一结论主要来自于直觉,有待于进一步证明。

博弈规则

上节结尾部分各例清楚地表明,博弈规则对于依据博弈论而得出的预测结果影响甚大。问题由此而来,这些博弈规则从何而来?上述因果关系包含的逻辑是,博弈规则的变动将改变博弈结果;博弈规则的形成取决于外部原因。一旦形成,它们便影响博弈结果。这一因果关系仅仅是单向的吗?博弈结果是否能够影响博弈规则?

多数应用博弈理论的分析都是把博弈规则作为既定因素,并以其作为分析起点。只有在少数应用博弈论的实例中,参与者在博弈过程的最初阶段,留心选择能够在以后回合发挥效力的博弈规则。例如:在讨论垄断者阻止竞争者进入市场的实例中,垄断者在第一阶段采取的行动,将影响他在第二阶段与其他厂商的竞争。另一个例子,可见克莱姆佩诺和迈耶(Klemperer & Meyer,1989)新近的论文[1]。他们讨论了对市场实行双头垄断的厂商怎样在价

---

[1] Klemperer, P., and Meyer, M. (1989). "Supply Function Equilibria in Oligopoly under Uncertainty". *Econometrica*, 57: 1243-1278.

格控制、质量控制或介于二者之间的各种策略之间进行选择。尽管存在上述例证，仍然可以肯定，经济学家在应用博弈论分析经济问题时，倾向于把博弈规则作为既定因素，而不去研究这些博弈规则从何而来。他们没有认真思考博弈规则是否为博弈结果所影响。

这里，我将使用苏尔坦(Sultan, 1975)和波特(Porter, 1983)讨论的实例阐明以上结论。1960年代初，美国只有两家公司生产大型汽轮发电机，它们是通用电气公司(General Electric)及西屋公司(Westinghouse)。这种大型汽轮发电机是把机械能（以蒸汽为动力创机械能，蒸汽来自核原料、煤、油、天然气或流动的水）转变为电能。这种机器体积巨大，价格昂贵，生产过程中的固定成本很高。因此，这两家公司认为，其他美国公司没有能力与它们竞争。这种机器的购买者是电力公司，其订货量具有周期性。

根据第四章的讨论，这是一种典型的卡特尔结构。因而，通用电气公司和西屋公司都应将产品价格提高；否则，双方会竞相削价抢生意。但事实上，如果依照卡特尔协定，双方很难获取高额利润。应用博弈论分析这一形势，可以弄清其中缘由。当一家电力公司决定购买汽轮发电机时，它首先与一家制造商谈判，然后再与另一家商讨，这一过程可能反复多次。谈判过程是非公开的，商谈内容不仅包括价格，还涉及机器规格、备件供应以及交货日期等。如果通用电气公司由于维持高价而丧失订单，它无法确定西屋公司是否违反了卡特尔协定，因为它不知道西屋公司的出价究竟是多少。这种形势恰如理论预言：在干扰较大的环境中(a noisy environment)，暗中串通的各方难以观察对方的行动。因而，此种共谋难以维持。

在这种形势下,通用电气公司决定改变博弈规则。它设立了一系列机构,其主要目的是使西屋公司了解通用电气公司在每一次谈判时的出价。此外,通用电气公司还向顾客提供"价格保护"(price protection)措施。根据这种措施,如果公司在任何一次交易中降低了价格,公司将按此种降低了的价格,向先前购买公司产品的顾客如数退款。此种博弈规则的改变具有两种影响。第一,通用电气公司把公布价格作为履行契约的责任,它甚至雇用了一家公共会计公司,使其行使社会监督职能。第二,由于价格保护"措施",通用电气公司一旦降低产品价格,将蒙受重大损失。这一事实使西屋公司确信,通用电气公司不会轻易降低价格。

西屋公司最初不理解上述措施的用意,但为时不久,它也采取了类似措施。自那时起,两家公司对于彼此的价格了如指掌。如果一家公司失去了一位顾客,它十分清楚另一家公司是怎样把这位顾客吸引走的。因而,两家公司暗中勾结的关系便轻易得以维持,高额利润滚滚而来。这种局面一直持续到美国政府实行干预,例如:指令取消"价格保护"措施以及其他相应机构。

讲授博弈论的教师经常引用上例。因为这个例子清楚地表明,暗中勾结的关系在干扰较大的环境中难以维持,但在干扰较少的环境中却易于维持。那些崭露头角、充满野心的企业家(指斯坦福大学工商管理的学生)由此得出以下结论:如果你是少数控制市场的制造商之一,在暗中勾结的关系难以维持时,应当首先摆脱其他制造商,独自垄断市场;如果力不从心,则应设法采取措施,使共谋关系得以维持。

然而,问题由此而来。为什么通用电气公司改变博弈规则?何时改变的? 为什么它没有早作改变? 能够肯定仅仅是博弈规则的改变使两个公司得以维持其暗中勾结的关系吗(其理论依据是什么)? 是否存在另一种可能性,即由于一方改变了规则,促成双方暗中勾结? 如果我们孤立地分析问题,可以根据第一类规则得出结论:暗中勾结的关系难以维持;然后又根据第二类规则得出相反结论:共谋关系可以维持。但是这种分析忽略了动态竞争这一至关重要的内容。博弈论正是帮助我们理解这一重要问题。如前所述,我们可以尝试将"博弈规则的改变"体现在相应的博弈模型中。不过,对这个问题的研究尚未展开。可以肯定的是,难以用个人最大限度获取利润(或效益)的观点解释博弈规则的形成或演变。为了说明这一观点从何而来,必须首先阐明博弈论的发展前途。

第六章 有限理性与借鉴性

经济学家认为,非合作博弈理论是一种非常有用的分析工具;利用这种分析工具,经济学家得以模拟动态性的竞争互动。应用非合作博弈理论,经济学家自一种经济形势获得直观认识(intuitive insight)后,可以将这种认识或者应用于另一种形势,或者在更为复杂的形势下检验和扩充上述认识。然而,如果自相应形势难以获得直观认识,则无法应用博弈论。此外,博弈论对上述直观认识的来源仍然缺乏正确的解释。特别应当指出的是,博弈论尚未研究以下基本问题:

1. 在什么形势下进行均衡分析是恰当的?

2. 如果在某些形势下不适于进行均衡分析,可以采取什么替代方式?

3. 如果均衡分析是适当的,其原因何在?

4. 如果均衡分析恰当,分析结果又表明,存在多种均衡状态,应当怎样在众多的均衡中作出选择?(特别应当注意的是,在什么情况下,参与者应当采取反均衡状态的行动?)

5. 应用博弈论进行分析,必须有既定的博弈规则。这些博弈规则从何而来?它们怎样形成并且逐渐演变?应当怎样确定自由式竞争的博弈规则?

在本书最后一章，我将介绍一种研究方法。应用这种方法虽不能解决所有问题，但它涉及产生上述问题的根源；因此，这种方法将有助于解决这些问题。

本章内容的安排有如下特点。开头是一段相当长的序言，专门讨论第三章提及，后来又在第五章第二部分集中讨论的问题，即为什么研究纳什均衡？答案包括两个原因。第一，就本身而言，纳什均衡是一个十分重要的问题。第二，目前应用博弈论分析经济问题的主要方法就是均衡分析。与本章内容直接相关的是，应用纳什均衡可以模拟个人行为，而这些个人行为的重要特征表现为有限理性（boundedly rational）及其借鉴性（retrospective）。尽管如此，本章的序言部分仍嫌过长。本章第二节，即讨论如何模拟具有有限理性和借鉴性的个人行为时，才涉及本章的主要内容。可能有些读者宁愿把这段序言看作一章，它专门解答前几章提出的问题；随后才开始讨论"有限理性与借鉴性"问题。

为什么研究纳什均衡

为什么研究纳什均衡？首先回忆一下第三章提供的答案：如果在所研究的博弈过程中，两个参与者应该采取的策略一望而知，参与者依照此种策略组合进行策略的必要条件（necessary condition）为：这一博弈组合是纳什均衡。

与一系列纳什均衡无关的博弈过程

读者可能记得第三章的一个结论：如果在某一博弈过程中，没有参与者一望而知的策略,特别是双方通过谈判,仍然难以发现上述策略组合,便没有必要研究各种均衡状态。为了理解为什么有些博弈过程总是与一系列纳什均衡相关,首先观察以下与一系列纳什均衡无关的博弈过程。

1. 只存在一种纳什均衡,但参与者拒绝采纳这种纳什均衡的博弈过程

在这一博弈过程中,有甲和乙两个参与者。这一博弈过程可能包括一至两个回合。第一回合,甲和乙同时各自在 x 与 y 两个字母之间作出选择。如果两人都选择 y,可各得报酬 1 美元,对局宣告结束。如果一人选择 x,另一人选择 y,两人所得报酬均为零,对局宣告结束。如果两人都选择 x,对局进入第二回合。甲和乙在第二回合同时各自选择一个正整数,如果选择结果不同,选择数值较大者可获报酬 250 美元,选择数值较小者仅获报酬 100 美元。如果选择结果相同,两人各得 25 美元。通常称这一博弈过程为"选择最大整数"的博弈。

可以肯定,如果两个参与者具有理智,他们在第一回合必然都选择 x。但是很难预料第二回合的结果,因为在第二回合没有参与者一望可知的策略。

这里的关键是要说明这一博弈过程仅有一种纳什均衡,即参与者在第一回合都选择 y。采用技术手段证明这一结论过于复杂,但其中的基本思路很容易理解。如果参与者在第一回合都选择 x,他们必然认为第二回合存在某种均衡状态。然而,第二回合根本没有纳什均衡。由此可知,在这个博弈过程,虽然存在一种纳什均衡,但是,参与者拒绝接受。

当然,也可以认为这一博弈过程不存在一望可知的策略组合。尽管在第一回合,大多数参与者都很清楚应该选择 x,但是在第二回合,几乎没人知道该怎样选择策略。因此,如上所述,如果博弈过程不存在一望可知的策略组合(指整个博弈过程,不是指某一回合),参与者采取的行动则与一系列纳什均衡无关。

会有读者认为,这类博弈过程是人为制造的,不必过于当真。然而,这类博弈过程毕竟阐述了一种原则。问题在于,能否在实际生活中找到可以应用上述原则的实例。

2. 下棋

上文曾经提到,下国际象棋是具有完整和准确信息的博弈过程,这一博弈过程包括有限回合。因此,在原则上,可以应用逆向引导方式求解。尽管如此,由于这是常数和博弈,可能出现平局。如果这一博弈过程包括不止一种纳什均衡,参与者自各种纳什均衡状态所得的报酬,与应用逆向引导技术所得的结果相同。

以上所谈多半是题外话,这里的要害问题是,尽管我们对一系列纳什均衡颇有兴趣,但下棋这一博弈过程过分复杂,以致无法应用逆向引导技术。在这种情况下,我们便对纳什均衡丧失了兴趣。

3. 城市分组博弈的变更

回忆一下第三章介绍的各种城市分组博弈。其中一种博弈过程,每个城市因其不同的文化艺术特征,有不同的得分。计算报酬的方法如下:如果一个城市只出现于一个参与者的选择方案,选择这个城市的人所得报酬相当于城市得分。如果一个城市同时出现在两个参与者的选择方案,则分别自这两个参与者的所得,扣除数量相当于这一城市得分两倍的报酬。如果两个参与者的选择方案总计恰好包括了所有城市(一个城市在一个方案中只出现一次),则两人所得报酬加倍。现将被选择的对象重新确定为如下七座城市:Caceres, Canoas, Carmocim, Carvoerio, Compinas, Cuiaba 以及 Curitiba。根据博弈规则,第一个参与者的选择方案应当包括 Caceres,第二个参与者的选择方案应当包括 Carmocirm。这一博弈过程存在一系列纳什均衡(指纯策略均衡),它们包括符合上述博弈规则的一切分配方案。然而,如果按照随机原则选取参与者,可以肯定,没有人愿意下赌注,担保两个参与者可实现均衡状态。在这一博弈过程中,没有参与者一望可知的策略组合;因而,没有人对现存的一系列纳什均衡感兴趣。

4. 一种特殊的双边讨价还价博弈

设想以上讨价还价的博弈过程。有100张以扑克牌为代表的筹码,参与者甲和乙同时各自提出自己想要的筹码数量。如果两人所提要求之和等于或小于100,每个参与者的愿望都可以得到满足。如果两人所提要求之和大于100,两个参与者所得报酬均为零。假定以上条件不变,甲和乙均有机会获奖。两人获奖的概率分别等于各人持有的筹码数量。例如:如果甲有60张筹码,乙有35张筹码,甲获奖的机会便为60%,乙获奖的机会是35%。甲和乙的奖金数量分别为40美元和10美元。两个参与者在博弈之前明了上述所有博弈规则,而且每个参与者都知道对手了解上述规则。

如果甲、乙两人的奖金数量相同,例如:两个参与者的奖金都是40美元,这一博弈过程便呈现对称形势。不难预料,每一个参与者将要求50张筹码,同时认定对手也将提出同样的要求。由此可知,这种对称形势使参与者意识到,他们应该选择一种特殊的纳什均衡。但是,如果甲、乙两人的奖金数量不同,甲的奖金为40元,乙的奖金为10元,形势便不甚明朗。两个参与者是否应当均分筹码?是否甲应该获得全部筹码(因为他的奖金数额较高)?是否甲应该得20张筹码,乙得80张筹码,从而使两人所得报酬相等,即(40美元)(0.2)=(10美元)(0.8)=8美元?在这种形势下,很难确定哪种策略组合比较合适。由此可知,如果按照随机原则从总体选出两个参与者,不允许他们事先研究怎样对局,他们的策略组合可能与任何纳什均衡无关。

5. 蜈蚣博弈

第四章曾经讨论过蜈蚣博弈(图4.12),当时对此种博弈所作的分析无须改动。应当指出的是,在实践中,对此种博弈过程中纳什均衡的预测(参与者A在第一回合选择D)往往难以得到验证。原因在于,上述预测的理论基础中有一种假设条件很难满足。根据这种假设,每个参与者都了解其他参与者的报酬,同时,每个参与者都知道其他参与者也了解他可能获得的报酬。如果实际形势与这一假设条件稍有不合,便会导致不同的预测结果。因此,在蜈蚣博弈中,我们不能过于相信纳什均衡的预测。

6. 美国民航工业在解除政府管制后的竞争

第五章曾经讨论美国民航工业的竞争。政府解除管制以后,形势不甚明朗,参与者(指相互竞争的公司)弄不清对手将采取的策略动机。每个参与者只可根据自己对形势的判断选择最优策略,由此得来的博弈策略组合很难与模型中的纳什均衡保持一致。因为模型的建构并非始于上述参与者的判断。

第六章 有限理性与借鉴性

为什么可能存在一望可知的策略组合？或者说，为什么可以测定其他参与者选择的策略？

以上各例说明了为什么在某些竞争形势中，均衡分析难以恰当预测个人行为。均衡分析的基础是如下假设：每个参与者尽其最大可能与其对手采取的策略相对抗，每个参与者充分了解其对手和他们采取的策略，所有参与者都有能力判断自己可能选择的各种策略。在实际生活中，上述条件难以全部得到满足。在某些情况下，可以认为个人行为大致符合上述假设；但是，在其他形势下，此种"大致符合"使得假设条件不够充分。

根据以上分析，人们不禁要问，上述假设条件是否可能接近于满足。如果可能，怎样才能促使这些假设条件大致得到满足？

下棋一例已经表明，第一项要求是博弈过程不能过于复杂，以便参与者能够判断他们认为自己可以采用的各种策略。这里有些微妙之处需加以说明。在几乎所有的实际竞争性互动中，参与者都面临各种复杂的竞争方案，他们难以弄清每一种选择方案带来的后果。经济学家使用博弈模型模拟这一形势时，对于许多选择方案忽略不计，以避免博弈过程过于复杂。因此，我们认为参与者可以判断他们在模型中可能采用的各种策略。如果模型较为全面地代表了相应形势，参与者将以同样原则判断各自模型中省略的那些策略。因此，这一段的第一句话是"参与者能够判断他们认为自己可以采用的各种策略"。即使可以按照这种方式建构模型，下棋仍然是一种过于复杂的博弈过程，以至于无法满足第一项要求。因为参与者不能判断他们可以采取的所有策略。但是，在经济或其他领域,有些竞争互动在参与者看来相当简单,他们很容易对可以选择的各种策略作出判断。

除了上述第一项要求,存在纳什均衡的另一个条件是参与者可以肯定其对手将如何选择策略。现在,我们又回到第三章提出的问题。为什么在某些情况下,参与者认为他本人及其对手将按照一定的行为模式(mode of behavior)选择策略?有关策略不确定性的问题是怎样解决的?第三章曾对上述问题作了简单答复,这里将作进一步说明。

1. 参与者在对局以前,可能有机会相互协商

设想以下双方讨价还价的博弈过程。两个参与者经过 30 分钟的独自思考,同时提出各自要求的货币数量。如果两个人的要求相互兼容,即与图 5.1(a) 的阴影部分相对应,这些要求将得到满足。否则,每个参与者各得报酬 1 美元。随后,给这两个参与者 30 分钟时间,让他们协商怎样博弈。这里不打算用模型模拟这一协商过程,但是可以预测,他们共同商定的策略组合必定是一种纳什均衡。尽管难以确定他们选定的究竟是哪一种纳什均衡,可是他们选定纳什均衡(纯策略均衡)的概率相当高,因为允许他们相互协商。

2. 参与者可能有关于相应博弈过程的直接经验或类似经验

假定参与者进行上文提到的七座城市分组博弈,除了已经说明的博弈规则,还有以下附加条件。依照随机原则从总体选择两个参与者;在博弈过程中,将他们选择的策略向总体中的其他人公布。对局结束后,再次依照随机原则从总体选择另外两个参与者,所有博弈规则和附加条件同上。然后,再随机挑选第三组参与者。

第六章 有限理性与借鉴性

这一过程将反复进行（假定总体中的其他人了解参与者的策略组合，但是不知道每个城市的得分，因而无从确定参与者的报酬）。在这种形势下，可以预料，一定会形成某种双方协同的策略组合（我没有关于这一博弈过程的直接经验，但我在教学时观察到类似结果）。如果选择对象是 8 个城市，而不是 7 个，可以肯定，上述策略组合的内容之一是每个参与者只选择 4 个城市，尽管难以确定每个参与者具体选择哪 4 个城市。

罗思和斯考梅科（Roth & Schoumaker, 1983）报告了与此类似的一项传统实验结果。博弈过程如前所述，两个参与者就分配代表筹码的 100 张扑克牌讨价还价。每个筹码代表获取奖金的机会是 1%，两个参与者的奖金数量不同。这里不打算详细介绍实验过程，只对其基本思路加以说明。在早期著作中，罗思等人认为以下两种均衡状态较为常见。第一种，参与者平分筹码，从而使他们获得奖金的机会均为 50%。第二种，甲得筹码 20 个（甲的奖金是 40 美元），乙得筹码 80 个（乙的奖金是 10 美元）；其结果，他们获得奖金的数量相同（(40 美元)(20%)＝(10 美元)(80%)＝8 美元）。参与者在实验中透过计算机重复博弈，甲和乙的奖金数量自始至终保持不变。最初，参与者并不知道，他们是在与计算机博弈。所有参与者在博弈过程中所处条件不变，即与他们博弈的计算机或者持续选择均分筹码的策略，或者持续选择二八分成的策略。其结果，参与者依据所选择的策略，很明确地被分成两组；因为他们都依照自己在博弈过程中积累的经验选择相应策略。

在讨论根据直接经验确定纳什均衡时，应当特别注意少数参与者之间的重复互动。在这种形势下，第四章讨论的声望问题以及通俗原理将使问题复杂化。应当怎样定义直接经验？是指少数参与者之间的重复互动，还是指小团体之间的重复互动？正确的定义是两者兼而有之。例如：我与学生之间的关系是怎样形成的？一方面，得益于我本人过去的经验；另一方面，也得益于其他教授的相关经验。与此同时，我与学生甲之间的重复互动，使我们很了解对方；因为我们在最初的互动过程中相互"摸底"，以致形成了特定的互动关系。值得注意的是，个人之间以及群体之间的互动是两类不同的问题，与之相关的理论也有所不同。

3. 参与者依照社会习俗（social conventions）选择策略

假定一个朝鲜学生与他的教授一起进行"夫妻之争"的博弈；虽然我没有足够的资料，但可以肯定，双方很清楚各自选择策略。因为尊敬师长是朝鲜的社会习俗。另一个例子是上文提到的两人就如何分配 100 个筹码进行博弈。如果两人奖金数量相同，可以肯定，最终结果是均分筹码。在这种形势下，只要两个参与者的地位相同，便不会出现其他博弈结果。

4. 参与者依照焦点均衡（focal-point equilibria）选择策略

与上述形势类似的是另一种情况，参与者认为他们知道应该怎样选择策略，但他们无法解释这种感觉从何而来，他们无法确定这是社会因素还是文化因素的影响。例如：上文讨论的欧洲国家首都分组一例，就属于这类特点。按谢林（Schelling，1960）的说法，这种纳什均衡被称为焦点均衡。

5. 参与者透过演绎推理（deduction）选择策略

如图 6.1，参与者甲首先选择策略，如果他选择 D，乙面临两种选择：L 或 R。甲认为，乙将选择 R；因为乙选择 R 所获报酬为

0,大于他选择 L 的报酬-1。随后,甲还得在策略 U 与 D 之间进行比较。甲选择 D 可获报酬 2,大于他选择 U 的报酬 1。因此,甲决定选择 D。此例表明参与者甲怎样就乙可能采取的博弈理论进行演绎推理,并由此确定自己的策略。前面所介绍的选择优势策略以及正向引导求解技术都以这种演绎推理为基础。事实上,博弈论的主要内容便是:就具有理智的参与者在特定形势下如何行动进行演绎推理。参与者透过对"合理性"进行推理,预测其他参与者可能采取何种策略,从而确定自己应该采取的对应行动。不少人试图在所有博弈过程应用演绎推理方式,最著名的是哈森伊和塞尔坦(Harsanyi & Selten,1988)的著作[①]。可能有人认为,此种演绎推理的应用未必普遍,但至少在某些博弈过程(如图 6.1)参与者应用此种方式选择策略。

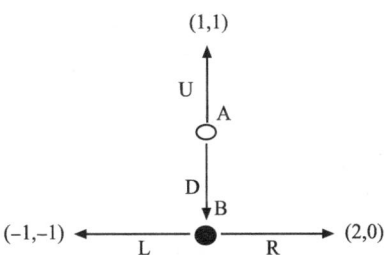

图 6.1 应用演绎推理求解的策略模型

以上分析了五种形势,用以解答为什么参与者按照一定的行

---

① Harsanyi,J. and Selten,R. (1988),*A General Theory of Equilibrium Selection in Games*. Cambridge,Mass. :MIT Press.

为模式选择策略。其中1和5大相径庭,而且这两种形势与其他形势差别很大。2、3、4三种形势则很类似,它们之间的界限有时不甚清楚。在什么情况下,可以将过去的经验称作"直接经验"?社会习俗何时演变成焦点均衡?解答这些问题并非易事,因为目前我们还不能采用规范性手段区分以上三种形势。因此,可以将2、3、4三种形势理解为一种形势的多种表现。

比较两类不同的博弈过程

以上我们讨论了两类不同的博弈过程。第一类博弈过程不存在参与者一望可知的策略组合,因此,我们没有兴趣研究各种纳什均衡。第二类博弈过程存在着参与者一望可知的策略组合。有必要将这两类博弈过程加以比较。

1. 甲、乙试图选择最大整数的博弈过程

如前所述,在这一博弈过程的第二回合(或者说在亚博弈过程),甲和乙都试图选择较大的整数,但是,这一博弈过程根本不存在纳什均衡,因而,没有参与者一望可知的策略组合。由此可知,在某些形势下,不适于进行均衡分析。上述博弈过程包括两个回合,尽管在第一回合大多数参与者都很清楚应该选择哪一种策略,但是这还不够;纳什均衡要求在每一回合都存在明确的策略组合,而上述博弈过程在第二回合没有明确的策略组合。人们不禁要问,纳什均衡的要求是否过于苛刻?是否存在某种限制条件较少的要求,用以表示参与者在特定博弈过程的行动特征;这种博弈过程之所以特殊,是由于仅仅在部分回合存在着明确的策略组合。

2. 下棋

第六章 有限理性与借鉴性

如前所述,下国际象棋是具有完整和准确信息的博弈过程,但这一博弈过程过于复杂。也许某些回合比较简单。例如:可以根据各种不同的终局进行分析,但整个博弈过程过于复杂,以致参与者不可能就所有可以选择的策略进行分析。

3. 城市分组博弈的变更

这一博弈过程并不复杂,但是存在一系列纳什均衡,参与者无论根据经验还是演绎推理,都无法确定应该选择哪一种纳什均衡。假如两个参与者可事前协商,他们将就怎样实现均衡状态达成协议。还有一种可能性是依据随机原则自总体持续选择参与者,那么总有可能出现纳什均衡。因为被选择的城市都在巴西,如果自总体选出的两个参与者恰好都十分熟悉巴西地理,不难想象他们将根据焦点均衡选择策略。不过一般说来,在这类博弈过程中,不存在明确的策略组合。

4. 一种特殊的双边讨价博弈

参与者甲和乙就如何分配 100 张筹码进行博弈,每张筹码代表参与者有 1% 的机会获取奖金。甲的奖金是 40 美元,乙的奖金是 10 美元。这一博弈过程与上述博弈过程相似,如果参与者不能事先商量,也没有进行这类博弈的直接经验,他们便无法确定怎样自一系列纳什均衡中作出选择。如果允许参与者事先协商,或者参与者有类似经验,他们便可能实现某种纳什均衡。这种可能性已经为罗思和斯考梅科的实验所证明。

5. 蜈蚣博弈

尽管这是一种具有完整和准确信息的博弈过程,却不适宜进行均衡分析。因为我们所用的这个模型在给定的博弈结构下是与现实不甚符合的模型。自理论分析可知,博弈过程的"微小变化"可能导致博弈结果的重大变动。例如:即便 A 认为 B 热衷合作的可能性是万分之一,对纳什均衡所作的预测就无法得到验证。如果参与者无法肯定对手采取的策略,而且这种怀疑看来不无道理,则应当在模型中反映此种不确定性。

在新的模型中,均衡分析是否适宜?麦凯尔维和帕尔弗里(McKelvey & Palfrey,1990)曾经强调这一问题,卡默勒及韦格尔特(Camerer & Weigelt,1987)也就相关问题进行了研究;结果表明目前尚无法获得肯定答案。我本人对以上问题持怀疑态度(除非我们看到预测结果之后再建构模型)。A 与 B 之间相互猜度的余地很大,因为他们不仅就行为动机相互猜度,而且无法确定对方是怎样猜度自己的。很难想象,A 与 B 将使自己于对方的种种猜度与模型保持一致。即便可以保持一致,A 与 B 也不可能依据模型进行复杂计算,进而确定自己的最优策略。模型中一旦增加了 A 与 B 采取各种策略的不确定性,便无法继续进行均衡分析。此外,如果模型中包括许多 A 与 B 相互猜度的可能性,便无法确定在分析中应当事先排除哪些均衡状态,也无法肯定是否能够检验相应的命题。

这里并不是说对这类博弈过程进行均衡分析无法提出各种可以检验的假设。事实上,在某些情况下,即便模型包括参与者的相互猜度,对纳什均衡所作的预测仍然能够成立。例如:富登伯格和莱文(Fudenberg & Levine,1989)分析了如下形势,A 与一系列参与者博弈,这些参与者只能分别与 A 进行一次性博弈。他们预测,A 在博弈过程中的行为像一位领导者,他似乎总是可以按照

第六章 有限理性与借鉴性

主观意志选择策略。显然这一预测是可以被检验的。

在蜈蚣博弈过程讨论上述问题十分困难,因为只要参与者相互之间稍有猜疑,这类博弈过程立刻变得极其复杂。因而,在讨论上述问题时,我们将选择较简单的博弈过程。如图6.2,参与者甲和乙同时选择策略。策略组合U-W和D-Z都是纳什均衡。除此之外,这一博弈过程还有第三个纳什均衡,即甲和乙都选择随机策略(random strategies)。乙在这种纳什均衡中选择随机策略W和X。在这一博弈过程中,乙若选择策略Y,任何纳什均衡均无法实现。

参与者乙

参与者甲		W	X	Y	Z
	U	200,6	3,5	4,3	0,-1000
	D	0,-10000	5,-1000	6,3	3,20

图6.2 策略型博弈模型

假定依据随机原则自总体选择参与者甲和乙进行如上博弈,他们无从了解其他人的类似经验,也没有机会事先协商,他们只有一次对局机会。图中参与者的报酬以美分计。根据实验结果,可以得出如下预测:参与者乙选择Y的概率为80%。

作出如上预测的原因很简单,如果乙认为甲选择策略U的概率在0.017和0.0998之间,乙若希望最大限度地获取报酬,策略Y是最佳选择。一个基本事实是,这一博弈过程包括许多纳什均衡,参与者无法确定选择哪一种。由此可知,乙很难预测甲将采取何种策略。在这种情况下,对乙来说,Y是最优策略。

当然,如果甲看到上述可能性,他便选择D;在这种情况下,对乙来说,策略 Z 便成为最优选择。然而,根据实验结果,甲选择 U 这一事实足以证明乙为什么选择 Y。问题在于,甲为什么选择 U？解答这个问题将使这个例子类似于改动后的蜈蚣博弈。假定甲选择 U 的概率为 1/50,因为他想获得报酬 200 美分,即如果乙选择 W,甲将获得 200 美分；如果乙选择 Y,甲只能获得 4 美分。对甲来说,可能所得(200 美分)大于可能所失(196 美分)。在这一博弈过程中,假定乙事先意识到甲选择 U 的概率是 1/50,对乙来说,选择策略 Y 实际上形成了均衡状态。由此可知,博弈过程的微小变化,可以导致一系列纳什均衡的改变。

综上所述,如果我们承认在某些情况下,参与者不以货币计报酬,可以预料,在上述博弈过程中,即便甲知道乙将选择 Y,甲仍然有可能选择策略 U。在这种形势下,进行均衡分析是否适宜？是否必要？读者应该可以作出自己的判断。目前,我对这个问题尚无肯定答案。为了正确回答这个问题,有必要询问选择策略 U 的甲:"你是否认为乙有可能选择策略 Y?"问题的实质在于,甲在选择策略 U 时,是否置均衡状态于不顾？或者是甲对乙采取的行动有所期待？不幸的是,我在实验过程中没有询问有关的参与者,因此,这一问题尚待解决。

6. 美国民航工业在解除政府管制后的竞争

在这一博弈过程中,无论从哪个角度分析,进行平衡分析都不适宜。法律禁止参与者相互协商,参与者可以选择的策略极其复杂而且含混不清,参与者不了解对手的目标,也不清楚法律将有哪些变更。当然,可以用模型模拟上述所有不确定因素,然而,只有根据参与者切实选择的策略,才有可能建立正确的模型。只有根据这一模型所作的均衡预测，才能令人信服。现在谈论这一例子已是后话，因为我们知道参与者实际选择的各种策略。因此，有些读者会有所怀疑。不过，可以应用这个模型预测欧洲民航工业在1990年至2000年的发展。

关于有限理性与借鉴性的实例

迄今为止，我们尚未解答以下问题：在什么情况下进行均衡分析是恰当的？参与者怎样在各种纳什均衡中作出选择？如果均衡分析不适当，参与者应该怎样采取行动？为了回答这些问题，我们必须研究具有有限理性以及借鉴性（借鉴过去的经验）的个人如何采取行动。

阿里尔·鲁宾斯坦（Ariel Rubinstein）在阅读本书初稿时向我提出挑战，他认为我应该说明"有限理性"与"借鉴性"的定义。我在这里使用"挑战"一词，是因这一任务的确十分艰巨。迄今为止，文献记载了许多"有限理性"的定义，就某种意义而言，它们彼此之间相互矛盾。我个人认为，赫伯特·西蒙（Herbert Simon）的定义最为恰当，即有限理性行为（boundedly rational behavior）是指主观上期望合理，但客观上受到限制的行为。这就是说，某些人主观上期望达到某些目标，但是他们追求这些目标的方式反映出他们自身认识能力的局限性（cognitive limitation）与计算能力的局限性（computational limitation）。上述定义是否包括所有程序性行为（procedural behavior）（程序性行为是指个人依据特定程序采取行动）？这一问题的实质是，有限理性与非理性（irrationality)之间的界限是否相当于有序(coherent procedures)行为与无序(chaotic procedures)行为之间的界限。换句话说,某些程序(例如:本能程序〔instinctive procedures〕),是否与理性相距太远,以至于无法将其定义为有限理性？我个人认为,有限理性行为不应该包括本能性的程序行为,这一意见本身并无更深刻的含义。我在下文讨论的各种行为基于我本人对有限理性行为的理解。不过,我无法对它下严格定义,即我无法指出,有限理性行为应该包括哪些行为或应该排除哪些行为。同理,我也不打算给借鉴性行为下严格的定义,一般说来,我所说的借鉴性行为是指那些根据过去经验而决定采取的诸种行动。

尽管我还不能为"有限理性"与"借鉴性"下准确定义,但不难看出,这类现象对于我们理解本节开头提出的问题至关重要。从下棋一例可以看出解决有限理性问题的重要性。在某些情况下,参与者能够对他们认为自己可以采取的各种策略作出判断；在其他形势下,参与者不能对这些策略作出判断。如果我们打算区分上述两种形势,就必须注意参与者的认识能力是否有局限性。事实上,上述词组"他们认为自己可以采取的各种策略"正是在这里才具有特殊含义。在模拟特定的竞争形势时,我们不仅简化了参与者可能采取的策略,而且还对某些可以采取的策略忽略不计。我们根据直觉猜测参与者怎样进行博弈。参与者的博弈过程反映了他们认识能力的局限性。因此,我们建立的模型或明或暗地表现了有限理性行为。

除此之外,还有其他实例。上文曾经介绍的一种形势是参与者根据直接经验便可确定"自己应当怎样选择策略以及对手将怎样选择策略"。这种形势清楚地表明,过去的经验怎样指导当前的行动及其判断。为了理解这种形势,我们必须研究,个人为了预测前途怎样借鉴过去的经验。可以用"超理性化的学习模型"(hyperrational learning models)模拟这种形势。不过,根据常识可知,借鉴过去的经验是一个极其复杂的问题,其复杂程度超过个人根据最优原则选择策略。因而,我们必须研究运用有限理性借鉴过去经验的过程。

自直接经验学习的实例表明了研究借鉴性的重要意义。应当进一步思考的是其他实例,例如为什么在参与者可以预料自己以及对手将选择哪些策略时,便可以进行纳什均衡分析?

无论何时,只要参与者的行为受社会习俗支配,这种行为必定具有借鉴特征。如上文提到的,朝鲜学生知道他们应该尊敬师长,与此同时,朝鲜教授也知道学生尊敬他们。数代人形成的习俗使师生双方都很清楚他们应该怎样选择。

焦点均衡也是一个实例。在特定形势下之所以能够形成焦点均衡,是由于参与者具有某些共同之处。例如:共同的文化背景等。尽管难以将焦点均衡理论完全建立在有限理性与借鉴性的行为模式基础上,但是,如果不去研究为什么参与者在某些形势下可以根据过去经验形成焦点均衡,而在其他形势下不行,即意味着焦点均衡理论不甚完善。

参与者事前协商的形势为我们提出了一个很有意思的问题。参与者协商的结果是什么?为了解答这个问题,应当弄清决定协商结果的主要因素是什么。我在第五章曾经讨论这一问题,罗思和斯考梅科的实验也清楚表明,决定协商结果的主要因素是如何借鉴过去的经验的。参与者在事前协商时,必须决定对他本人及其对手来说哪些策略是合理的、恰当的;这些决定对于协商结果至关重要。参与者正是根据过去的经验作出相应的判断。

至于参与者透过演绎推理选择策略的问题,将留待下一步讨论。不过可以肯定,演绎推理是参与者有限理性和借鉴性特征的突出表现。

我不打算过分强调有限理性与借鉴问题,因为并非博弈论的所有问题都可因此得到解决。事实上,迄今为止,第五章谈到的博弈论的许多问题,我还未涉及到。尽管前面讨论了有限理性以及借鉴性行为,然而,对于参与者怎样以及何时透过设想自己以预测对手将选择的策略,从而实现纳什均衡的问题,我们尚未提供完整的答案。不过事实证明,这种探讨是一个重要开端。

以上结论并非证明我的意见有多么高明。在我之前,许多经济学家曾经指出,有限理性行为对于各种社会互动以及竞争性互动具有重要意义。由于这个问题已经讨论了许多年,有些人不免产生了悲观主义情绪:既然这个问题很长时间以来就是经济学家的研究课题,为什么我们期望对这个问题的研究会取得进展?

然而,采取乐观主义精神也是事出有因。有限理性与借鉴性问题是非合作博弈理论必须解决的问题,这些问题在这一背景下通常采取较为简单的表现形式,因而,有利于取得研究成果。此外,在近期文献中,不少人采取了各种研究方法试图解决以上问题,并取得显著成果。以下,我将着重介绍一种值得注意的研究方法。

一种值得注意的研究方法

经济学家与博弈论理论家在研究有限理性时,采取了各不相同的研究方法。某些人以自动化和涡轮机等作为比喻手段,模拟个人行为,同时发展了特定策略的复杂性(complexity of a given strategy)等概念。(参阅阿布罗和鲁宾斯坦〔Abreu and Rubinstein,1988〕;卡莱和斯坦福〔Kalai and Stanford,1988〕;内曼〔Neyman,1985〕以及鲁宾斯坦〔Rubinstein,1986〕。)另一种研究方法是借助生物学应用博弈论的成果,特别是借用梅纳德·史密斯(Maynard Smith)的稳定进化策略(evolutionary stable strategies)概念。(弗里德曼〔Friedman,1990〕曾对此作了专门介绍和发挥。)这里,我打算着重介绍第三种方法。

这种方法将每个参与者置于动态环境(dynamic context)中。任何时刻,参与者都置身于某种近期竞争互动之中(short-run competitive interaction)。参与者为了确定近期应该采取的策略,利用模型模拟相应形势。与真实形势相比,这一模型十分简单,在某些方面,甚至不够准确。参与者借鉴根据这一模型确定"最优"策略,进而决定自己的近期行动。注意"最优"一词是加引号的,其含义将在下一段加以说明。为了实现长远目标,参与者根据自身经验改进上述适于近期应用的模型。这一改进过程是参与者的自我启发学习过程,参与者通常使用逐渐适应的合理方法,而不追求最优改进过程。

在某些形势下,参与者意识到他们使用的模型有一定的局限性,并且采用适当方式克服这种局限性。例如:在下文将要建立的模型中,每个参与者根据自身经验判断其他参与者将怎样选择策略。参与者在每一回合选择的策略决定了他可以得到何种信息。纯理性化的参与者将根据他拥有的信息对未来具有的价值来决定自己的近期行为。然而,确定信息的价值需要极其复杂的计算,参与者一般难以胜任。因此,参与者只是根据眼前利益确定近期行为。由于无法计算目前掌握的信息对未来具有何种价值,此种有关近期行为的决定有不足之处(下文所举例子可以帮助读者理解以上的讨论)。

请注意上述理论框架与西蒙提出的定义有密切联系。西蒙认为,有限理性行为是主观上期望合理,但客观上受到限制的行为。参与者根据模型确定近期行为,这意味着他们的行动具有目的性,主观上期望达到某种目标。然而,这类模型不甚完善,尽管参与者逐渐改进,仍有不足之处;这表明,近期行为的合理性具有局限性。

看上去这种模型的问题似乎很多,然而,决策者在学习怎样应用模型进行规范性分析时,正是遵循以上方法:建立模型,理解所模拟的行动过程,说明模型怎样简化了客观环境,以致影响了根据模型所作的预测;随着时间的推移和不断获得的信息,改善模型,修正所作的分析。此外,决策者被告知,在建立模型时,应当权衡其可用性和准确性,因为包含大量细节的模型往往难以控制。不幸的是,怎样进行这种权衡难以从理论上加以分析,只能依据直觉。

历史与现实事例

上述模拟个人行为的模型在过去与现在的经济学文献中均可见到，因此，它并不是什么新的创造。以下将举例说明。

库尔诺的动态研究（Dynamics）

库尔诺（Cournot，1838）最早研究了上述模型。他指出，在特定形势下，人们遵循如下行为方式：参与者依据其对手在上一回合采取的行动，决定自己的最优选择。这就是说，在确定近期行为的模型中，参与者假设其对手在每一回合采取的行动与上一回合相同。因而，这个模型每一回合都在改变。在某些博弈过程，包括库尔诺介绍的双头垄断博弈过程，上述行为方式可导致纳什均衡。然而，就本质而言，这类模型具有多变性，其博弈结果可能导致循环过程。例如：在剪刀、石头、布的博弈过程（图 3.1）中，根据博弈起点不同，博弈结果可能按对角线循环也可能是在其他六种策略组合之间循环。

虚构博弈

布朗（Brown，1951）提出了一种策略型模型，参与者依据时间顺序 $t=1,2,\cdots\cdots$，进行博弈。几个回合以后，参与者在每一回合都依据对方早先选用次数最多的策略，作出自己的最优选择。因此，这种博弈被称为虚构博弈（fictitious play）。在这种博弈过程中，参与者假定其对手依据过去的经验，总是选择最常采用的策略。因此，参与者据此进行自己的最优选择。随着时间的推移，参与者根据变化着的形势，不断改进模型。

与库尔诺的动态研究一样，在某些博弈过程，上述选择方式可以导致纳什均衡。如果参与者除了反复选择最常采用的策略，还夹杂其他策略，上述选择频率最高的策略将与其他策略一起，形成混合纳什均衡（mixed Nash equilibrium）。沙普列（Shapley, 1964）提出了一种包括两个参与者，每人各有三种选择方案的策略型博弈模型，参与者按虚构赛局方式选择策略，其结果未能实现纳什均衡，而是进入循环状态。

总体暂时均衡

就其结构而言，总体暂时均衡理论模型（Grandmont, 1988）与上述模型类似。参与者在每一回合依据模型对市场财产进行估价，估价的方法是将下一回合的财产价值与使用财产所得利润相加。参与者根据市场行情，不断改进模型。

布雷的模型：探索理性预期的均衡

另一类重要的例子涉及参与者怎样探索以实现理性预期平衡（rational expectations equilibrium）。（参阅布雷〔Bray〕所作的调查，1990。）下面我将介绍布雷的模型（1982）。

假定存在各种不同的经济形势，它们都包括两个阶段的博弈。在每一种经济形势的第一阶段都是进行资产的买卖。这些资产在第二阶段都可获得利润。假定有两类资产，第一类资产可用来进行无风险投资，利润为 r。第二类是风险资产，其投资利润为正态分布，可知其平均数和方差。假定在这种经济形势下有两类消费-投资者（consumer-investors）。第一类只了解以上情况，没有其他信息来源。第二类则掌握有关风险资产利润率的信息，这些利润率依据不同的经济形势而有所变化。

假定掌握有关利润率信息的投资者在第一阶段购买无风险资产和风险资产，并使资产市场实现均衡。无论风险资产价格高低，这些投资者将依据自己掌握的利润率信息，决定是否购买，购买多少。如果确知利润率较高，他们将购买较多的风险资产；如果确知利润率较低，他们将购买较少的风险资产。就市场平衡状况而言，当上述消费者确知利润率较高时，风险资产的价格较高；当他们确知利润率较低时，风险资产的价格也比较低。

在这个资产市场上，不掌握风险资产利润信息的投资者，有不同的购买模式。当风险资产价格较高时，他们便不买或少买；当价格较低时，他们便购买较多的风险资产。随着时间的推移，这类消费者逐渐意识到，当他们购买的风险资产较少时，利润率较高；当他们购买的风险资产较多时，利润率却较低。由于观察到风险资产价格与利润率之间的统计相关，这类消费者逐渐改变了购买模式。当风险资产价格较高时，他们便增加购买量，以期获得较高的投资利润；当风险资产价格较低时，他们便减少购买量，以避免较低的投资利润。当然，如果资产市场上这类投资者数量过大，他们的购买行为将改变均衡状态下风险资产价格与利润率之间的统计关系。

如果风险资产价格与利润率之间形成了一种稳定的统计关系，而且不掌握利润率信息的投资者根据这种统计关系所作的判断符合实际形势,这种均衡状态便是一种理性预期的均衡状态。在有关文献中,可见这一均衡概念被用于分析一些经济问题(参阅 Admati,1989[①];Grossman,1989[②])。一些作者提出以下问题:不掌握利润率信息的投资者怎样确认风险资产价格与利润率之间存在着正确的统计关系？特别是他们根据这种统计关系所采取的购买行为影响着上述统计关系。在这种情况下,不掌握利润率信息的投资者似乎无法确定风险资产价格与利润率之间的统计关系是否正确。

布雷(1982)假定在经济形势 t 的起点(t=1,2,……代表一系列包括两个阶段的经济形势),不掌握利润率信息的投资者认为风险资产的价格与利润率之间有如下关系:

$$r_k = a + bp_k + \in_k$$

其中,下标 k 代表经济形势 k,r_k 表示相应形势下的风险资产利润率,p_k 表示风险资产价格,$\in_k$ 代表随机误差(这些随机误差呈正态分布,平均数为零,方差为一固定数值;这些随机误差在每一阶段各不相同),a 与 b 是未知常数。应当指出,这些不掌握利润率信息的投资者认为,上述线性统计关系是固定的,即它们并不随着时间的推移而改变。因此,如果这些投资者可以确定 a 与

[①] Admati,A.(1989)."Information in Financial Markets:The Rational Expectations Approach". In S. Bhattachary and G. Constantinides (eds.),*Financial Markets and Incomplete Information:Frontiers of Modern Financial Theory*(Totowa, N. J.:Roman & Littlefield),139－152.

[②] Grossman,S.(1989). *The Informational Role of Prices*. Cambridge,Mass.:MIT Press.

b 的值,那么在经济形势 t,他们便可以根据价格 p_t,计算利润率,从而决定应该购买多少风险资产。然而,应当怎样估算 a 与 b 的值呢?

布雷假定这些投资者可以获得风险资产价格与利润率的历史资料,即$\{(\hat{p}_k,\hat{r}_k);k=1,\cdots\cdots,t-1\}$,这里的符号"^"表示实际资料。这些投资者运用普通最小二乘法回归分析技术(ordinary least-squares regression),将上述历史资料应用于模型 $r_k=a+bp_k+\epsilon_k$,便可求得 a 与 b 的值。然后,根据价格计算利润率,进而确定其近期购买量。上述投资者的购买行为,将决定经济形势 t 的风险资产价格 p_t 以及利润率 r_t。在经济形势 t+1,不掌握利润率信息的投资者继续采用上述回归分析方法,只不过他们现在使用的不是历史资料,而是近期资料,重新确定 a 与 b 的值。

布雷的模型与上一节介绍的研究方法完全一致。不掌握利润率信息的投资者在每一回合都有一个模拟相应形势的模型,并以其作为决定近期购买行为的依据。在他们的模型中,相应形势下的风险资产价格与利润率具有以下关系:$r_t=a+bp_t+\epsilon_t$,其中 a 与 b 是既定常数。这些投资者根据经验性资料,运用回归分析技术求得 a 和 b。可以把这一过程看作是投资者的自我启发学习过程。应当指出,投资者在此应用回归分析技术有欠妥当。根据布雷的模型,在每一回合 t,r_t 与 p_t 之间是一种线性关系;然而,其中的回归系数 a 与 b 是以一种极其复杂的方式与时间以及相关的历史资料相联系。在布雷的模型中,不掌握利润率信息的投资者假定回归系数的改变与时间无关。因此,他们的模型所模拟的形势与"真实"形势有所不同。不过,这个问题并不严重,可以将其解释为这些投资者未能充分认识所处的形势。

布雷根据这个模型研究了以下问题:此种经济形势将怎样发展?价格与利润率之间的关系是否就此确定不变?不掌握利润率信息的投资者是否可以逐渐认识上述关系?(布雷模型的优点之一是,如果价格与利润率之间的关系确定不变,不掌握利润率信息的投资者便可以认识此种关系。因为在他的模型中,价格与利润率的实际关系是线性关系;如果资料充分,在回归分析过程,上述两个变量的确显示出一种线性关系。可以将布雷的模型与布卢姆和伊斯利〔Blume & Easley,1982〕的模型相比较,后者模拟的经济形势与前者完全相同,但是消费者从来不能正确地认识价格与利润率之间已经确定的关系。)布雷能够证明,只要不掌握利润率信息的投资者数量并非过多,价格与利润率的关系便可以确定,投资者也可以认识这种关系。如果这类投资者的数量过多,将影响价格与利润率关系的稳定性。

马里蒙、麦格拉坦和萨金特的交换媒介模型

以下例子是马里蒙、麦格拉坦和萨金特(Marimon, McGrattan & Sargent,1989)提供的。他们研究与货币理论相关的复杂博弈过程。在特定经济形势下,有不同类型的消费者。假定每一类型的消费者生产一种产品,同时消费其他类型消费者生产的另一种产品。消费者随身携带一个单位可消费的产品。如果他们消耗了这种产品,则立刻生产一个单位的其他产品。携带任何产品都需支付代价,代价大小取决于产品种类。消费者依据随机原则相遇，如果双方同意，他们可以交换各自携带的产品。

假定消费者甲能够生产小麦，并且随身携带 1000 克小麦，但是他希望得到玉米。假定甲遇到消费者乙，乙有 1000 克稻米，他希望得到小麦。乙希望与甲交换，但是甲难以决定是否宜于与乙交换。甲希望获得玉米，但他不知道究竟稻米还是小麦是较好的交换媒介。换句话说，他不知道生产玉米的消费者想要稻米还是小麦。

已知在这种形势下存在纳什均衡，但是消费者不可能运用直接计算的方法认识纳什均衡。此外，根据模型中的各项参数，可知存在多种纳什均衡。马里蒙、麦格拉坦和萨金特为处于此种形势下的消费者建立了一个学习模型（learning model）。他们希望了解消费者是否可以根据这个模型认识纳什均衡。如果可以，消费者将选取哪一种纳什均衡。这个学习模型的基础是心理学家在研究模式识别（pattern recognition）时提出的分类模型（classifier models）。根据上述学习模型，每个消费者头脑中都有一系列"模式"，每一个模式描述一种交换形势，并说明一种应该采取的相应行动。（例如：一种模式描述的形势是，你有小麦，有人想用稻米与你交换，你应该与之交换；另一种模式是，你携带的商品不是玉米，有人想用稻米与你交换，你应该拒绝交换。）此外，每一模式都有相应的"得分"，此种得分随时间而改变。消费者在决策时，把实际形势与头脑中的各种模式逐一对照，选择适当模式以决定自己应该采取的相应行动。（例如：某消费者携带小麦，有人想用稻米与他交换；上文描述的两种模式都属可参照的适当模式。）如果可以参照的模式不止一种，消费者选择得分较高的模式。如果没有适当的参照模式,消费者便自己创造一种新的模式。当消费者把这个新模式置入原有的模式系列时,系列中得分最低的模式便被自动淘汰。此外,消费者在比较了所有模式后,根据实际效果,重新调整模式得分。例如:消费者根据相应模式采取的行动,使自己的消费要求得到满足,此种模式的得分将会提高。否则,模式的得分将减少。

上述介绍可能过于简单,以致读者难以充分理解马里蒙、麦格拉坦和萨金特所使用的行为模型。但是,读者不难理解其基本精神。就眼前利益而言,消费者可以依据模型决定在各种不同形势下应该采取的行动,而且知道每一种行动的相应得分。从长远利益来看,消费者根据各种模式的优劣,不断改变模式的得分。

马里蒙、麦格拉坦和萨金特远将这种模型用于比较复杂的交易形势。他们采用模拟方式运用上述模型;首先,依据最初条件确定经济形势;然后,采用随机原则确定可以参照的模式,并按照博弈原则决定个人行为。他们发现在一般情况下均可实现纳什均衡。

富登伯格与克雷普斯的学习与实验模型

我和德鲁·富登伯格(Drew Fudenberg,1990)共同创造了一种学习模型,其形式是展开型博弈模型,如图 6.3。这一博弈过程虽然包括许多参与者,但其数量仍然有限,它们分别采取 A、B、C 三种不同角色。可以设想这些参与者按照随机原则依次相遇,然后进行博弈。参与者在选择策略前,首先确定其对手采取不同策略的概率。随着时间的推移,参与者在博弈过程逐渐积累了有关对手的信息,并根据这些信息不断调整自己对其他参与者所作的预测。我和富登伯格没有详尽阐释上述学习模型,而是着重说明这类模型所具有的渐近特征:如果参与者越来越多地积累了有关对手在特定信息线选择策略的信息,这个参与者对其对手在哪条信息线如何选择策略的预测,将逐渐接近这个参与者所观察到的其对手选择策略的实际概率。如图6.3,参与者A已经观察B在其信息线上作了1000万次选择,其中,选择R′的预测次是6039433;那么A对B选择R′的预测将接近0.604。这个模型近似于虚构博弈模型,所不同的是这里采用了展开型博弈模型。此外,一旦参与者掌握了大量资料,他们主观上"认为"自己的预测接近于实际概率。

假定参与者对其对手如何选择策略作出预测以后,便可以根据眼前利益作出最佳反应。虚构博弈是这种形势下的一个特例。沙普利(Shapley)的例子表明,在这种形势下,参与者可能采取某些不变的策略。另一种可能性是难以保证参与者遵循一定的概率选择策略。由于我们考察的是展开型博弈模型,可能出现的问题比虚构博弈模型更为严重。因为参与者最终选择的策略根本不是纳什均衡。如图6.3,假定A在第一回合有如下预测:B可能选择R′,C可能选择X。B的预测结果是,A可能选择R,C可能选择Y。在这种情况下,A的最佳反应是选择R,B的最佳反应是选择R′。A与B作出的反应使A与B的相互预测得到了证实和加强,但是他们没有得到任何关于C的信息。因此,尽管A与B对C的行动曾作出完全不同的预测,但这无关紧要。在这一博弈过程中,R—R′是A与B采取的不变策略,而这策略组合不是纳什均衡。①

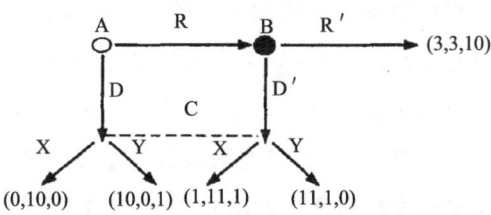

图 6.3　自直接经验中学习的展开型博弈模型

这里要说明的问题很简单。如果认为在重复出现的形势下，某些参与者由于经验相同，对其他参与者的行动往往作出相同预测；那么，当某些形势并未重复出现时，我们就会遇到难题。特别麻烦的是，在某些情况下，参与者所作的预测与纳什均衡无关（off the beaten equilibrium track）。因此，除非可以证明参与者出于某种特殊原因，将作出相同预测；在一般情况下，假设参与者的预测一致是不合理的。由此可知，在展开型博弈模型中，纳什均衡这一概念可能过于严格，我们期望参与者有符合纳什均衡的共同预测，由此得出的求解概念（solution concept）将降低纳什均衡的要求。

另一种可行的方法是研究在这种形势下怎样实现纳什均衡。简单地说是要求参与者进行试验，让他们间或选择次优行动（sub-

---

① 在任何纳什均衡中，A 与 B 对 C 的预测必须一致。此外，A 或者 B（或者两人同时）期望 C 有机会参与博弈，而不应当以 R-R′ 结束博弈。这一博弈过程有一种混合策略均衡，其中肯定包括 R-R′ 这一策略组合。但是，在任何纳什均衡中，C 只能以确定概率选择策略。

optimal actions)，以便观察行动后果。这意味着参与者并非依据反映其眼前利益的模型选择最优策略，因为他们知道自己的认识能力有局限性，为了获得更多信息，他们宁可选择次优策略。

以上论述表明，我们提出了一些条件，如果这些条件得到满足，所有"稳定的策略组合"都是纳什均衡。与此同时，在我们所研究的一般学习过程中，每一种纳什均衡都是一种可能出现的稳定性策略组合。在这个基础上，我们又进一步检验了模型中的均衡淘汰是否与标准的纳什均衡淘汰一致。（下文将介绍检验结果，可以在这里说明的是，某些淘汰均衡的标准方法不大适用。）除此之外，我们考察了小群体中的参与者在重复博弈过程中怎样学习依据通俗原理进行合作。下文将介绍对上述模型的进一步发展。

米尔格罗和罗伯茨对学习过程所作的一般分析

库尔诺的动态研究、虚构博弈以及布雷（1982）所涉及的都是比较特殊的动态行为模型（dynamic models of behavior）。马里蒙、麦格拉坦和萨金特（1989）的模型反映的形势具有普遍性，但仍有一定的特殊性。富登伯格与克雷普斯（1990）模型的优点之一是反映了参与者怎样透过决策近期行为而不断学习的一般特征。我们在模型中阐述了参与者怎样透过学习实验，使自己对他人的预测逐渐接近客观形势，参与者怎样依据对他人的预测决定自己的近期行为；这种具有普遍意义的论述可以包括许多特例。

米尔格罗和罗伯茨（Milgrom & Roberts,1988,1990）在这方面作出了进一步贡献。他们研究了策略型博弈模型的学习过程（他们也在展开型博弈模型中作了同样研究）。他们期望了解，如果能够最大限度地减少各种限制,可以得到什么样的结论。例如:在一个重复博弈的模型中,假定就代表博弈回合次数的 n 来说,总是存在一个大于它的整数 n′,参与者在第 n′ 个回合之后选择的策略,是对其他参与者在第 n 个回合以后选择策略的最佳回应。米尔格罗和罗伯茨认为,这种调整与适应即是学习过程。这就是说,在参与者预测其他人行动的模型中,最初的博弈过程无关紧要。这种关于学习过程的定义,包括了库尔诺的动态研究策略、虚构博弈以及富登伯格与克雷普斯所研究的各种学习与策略选择模型。当然,这一定义还包括其他许多重要的内容。提出这一定义后,他们期望了解这类学习过程的一般特征。

米尔格罗和罗伯茨证明了如下三种特征。第一,上述学习过程将排除重复进行优势分析所淘汰的各种策略。第二,在某些博弈过程中,最终策略组合即是均衡行动。第三,某些博弈过程只有一种纳什均衡,最终策略组合即是那种纳什均衡。

对上述研究方法的反对与辩护

有人反对上述研究方法实属意料之中,以下介绍部分这类反对意见并予以驳回。

可以用一句话概括各种反对意见,即认为上述研究方法在说明了特定的行为动态之后,或者得出某些极易推翻的结论,或者依赖于模拟方式。因此,当推导过程结束之后,一种可能性是研究者无法确定结论的普遍性或偶然性;另一种可能性是研究者并不介意结论是否能被推翻。几乎在所有的模型中,结果都取决于研究者设计的行为动态,由于缺乏传统理性选择模型曾经阐明的正当理由,人们必然对相应结论持怀疑态度。

事实上,上一节介绍的各例恰好可以用来驳斥这种反对意见。不容怀疑,在使用上述研究方法时,确有研究者完全依赖于模拟方法和某些特定的行为模式。然而,布雷的分析结果是经得起检验的。富登伯格与克雷普斯(1990)研究了各种动态行动,米尔格罗和罗伯茨(1988,1990)的研究范围则更广泛。在某种意义上,富登伯格与克雷普斯的结论很容易被推翻(沙普利的例子表明,难以获得一种综合性的结果)。但是,米尔格罗和罗伯茨已经证明,在特定的博弈过程中,如果可以最大限度地减少各种限制,便可以获得十分可靠的结论。在某些方面,上述批判意见值得考虑;但是,根据上节介绍的各种实例,一个基本的事实是,上述批判得以成立的前提,在许多模型中并不存在。

除此之外,我还打算作出进一步反驳。虽然某些研究者将模型建立在特定的行为模式之上,而且只用模拟方法进行分析,这并非意味着我们不能从中取得研究成果。经济理论家(包括我自己在内)总是忽略以下事实:尽管我们对各种行为方式所作的假设限制较少,特别是对那些以公理为基础的行为方式更是较少加以限制,但在我们的模型中,行动者可以采取的行动范围往往都受到严格限制。对此,我们的理由是,根据经验指导的直觉判断,模型可以省略某些内容,我们要求对模型的检验必须是实证性的。这里的问题是,为什么我们不能遵循同样的逻辑,评价对特定行为方式所作的模拟呢?

相似性：演绎推理表现了有限理性和借鉴性

对上述研究方法更为深刻的批判认为这种研究方法未能涉及某些重要问题。例如：在某些博弈过程，透过演绎推理，可以发现明确的策略组合。上述研究方法的确未涉及这类问题。这里，我首先重复并打算进一步说明我在上文曾经提出的论点：演绎推理是参与者具有有限理性与借鉴性特征的突出表现。

为了阐明上述论点，需要说些题外话。假定图 6.4 是重复博弈过程，其博弈规则如下：根据随机原则依次从总体选取两名参与者进行对局，并将结局向总体中的其他人公布。这一博弈过程的特殊之处在于，图 6.4 中参与者所得报酬包括两个字母：x 和 y。假定每一次对局，x 和 y 所取的数值都是依据随机原则在 $[0,10]$ 这一区间内选取。x 与 y 在这一区间内都是均匀分布，且相互独立；因而，不存在两次博弈过程取值完全相同的可能性。在这种形势下，无法应用虚构博弈、富登伯格与克雷普斯（1990）的模型以及米尔格罗和罗伯茨（1989，1990）的分析。

		参与者乙	
		L	R
参与者甲	U	x,5	1,3
	D	2,y	5,6

图 6.4 参与者所得报酬按随机原则分布的博弈模型

以下说明怎样在上述博弈过程中应用相应的博弈规则。假定在第 10001 次博弈中，x 等于 6.54，y 等于 3.4421。如果参与者甲希望借鉴前一万次博弈的经验,从而预测参与者乙怎样选择策略,显而易见的做法是发现类似的博弈过程,即那一博弈过程,x 接近于 6.54,y 接近于 3.44,并借鉴这一博弈过程的经验。在这种形势下,参与者假定,如果所得报酬相同,博弈过程即"相似"(similar);在特定形势下,参与者预测对手如何选择策略时,借鉴"相似"形势的经验。

这里所讨论的相似性,是以参与者所得报酬相差多少来衡量的。这一概念有一些很有用的数学性质(可参阅富登伯格与克雷普斯,1990)。不过,运用这些性质必须注意适度性。例如:如图 6.5(a)的博弈过程,处于自然状态的焦点均衡是 U-C。如图 6.5(b),处于自然状态的焦点均衡是 M-L。尽管在这两种博弈过程中,参与者所得报酬基本相似。但是,在这里作为焦点均衡基础的参与者所得报酬的特性:单值性(unicity)以及帕累托最优状态(Pareto-optimality)都是不连续的。

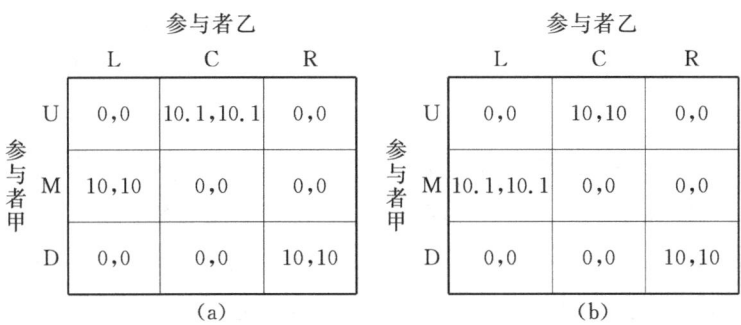

图 6.5 两种具有不同均衡状态的"相似"博弈过程

应该理解这里的基本精神。如果我们仅仅依赖直接经验证明有必要关注纳什均衡,如果我们把直接经验局限于博弈过程及结论都完全相同,那么从这些直接经验可以学到的东西将极其有限。事实上,特定形势很难丝毫不加改变地重复出现。因而,上述实例可以应用于一系列"相似"的形势。当然,这里的前提是,参与竞争性博弈的人根据自身经验可以判断,哪些形势相似,哪些形势不相似。

事实上,当我们讨论社会习俗时,曾经假定参与者能够识别相似的形势,然后他们才能决定怎样应用既定的社会习俗。参与者可能判断错误,但在形势含混不清时,他们总是主动避免判断错误。从以上过程可以清楚地看到参与者所作的判断:(a)将某种特定的社会习俗实际应用于某种特定形势;(b)此种应用采用了特殊方式。这一过程所应用的基本概念是"相似性"(similarities)以及"适宜性"(suitability)。

进一步的研究表明,焦点均衡的分析也是这种思路。仍以上文将九个城市分组的博弈过程为例。谢林(Schelling,1960)指出,在这类博弈过程中,参与者力图依据某种"明确"的原则("Salient" Rule)进行分组。何种原则可以成为明确的原则?谢林认为,这一原则应该提供明确的分组方案(如果布达佩斯取代了柏林,你对于依据华沙条约组织—北大西洋公约组织这一原则进行分组的信任程度提高了多少?)。这一原则应该提供基本均等的分组方案(如果柏林为布鲁塞尔所取代,布拉格为阿姆斯特丹所取代,华沙为罗马所取代,最后结果将是:第一组包括华盛顿、阿姆斯特丹、波恩、布鲁塞尔、伦敦、巴黎以及罗马,第二组仅包括莫斯科和布达佩斯。在这种情况下,你是否认为上述分组原则仍然是恰当的?)。这一原则应当来自某些博弈规则的暗示(博弈规则将华盛顿与莫斯科分配在不同的两组，这种暗示使得上述分组原则变得十分明确。如果博弈规则将柏林和华盛顿分配于不同组，参与者可能认为根据字母排列顺序或依据第二次世界大战时的轴心国-同盟国原则进行分组）。

在所有这些情况下，我认为参与者都在反复思考，在他们头脑里有一种"理想分组博弈"（ideal division game），即根据一种原则进行均衡分配的博弈过程。参与者在头脑里反复试行各种分组原则，以便他们参与的博弈过程最大限度地接近上述"理想分组博弈"，一旦发现了这种原则，参与者不仅自己应用，而且预测其对手将运用这一分组原则。

当然，不应把上述过程解释为以某种暗示为基础的认识上的飞跃，否则便无法解释为什么参与者采用此种地缘政治的分组原则，而不采用按字母顺序排列原则？不过应当肯定，上述分析有助于解释以下问题：为什么参与者拒绝采用某些分组原则？为什么对以下九座城市——阿姆斯特丹、波恩、布鲁塞尔、伦敦、莫斯科、巴黎、罗马、华沙和华盛顿——进行分组时，华沙条约组织-北大西洋公约组织的分组原则便不再适用？

演绎推理表现了有限理性和借鉴性

我认为，在特定形势下，我们或参与者进行演绎推理时，应用了比较复杂的"相似性"概念，这一概念并在演绎推理中得到发展。我们在第四章曾经讨论过难以置信的威胁和承诺。我们首先研究了一种形势下显而易见的结果然后使其规范化，以便在其他形势下也可见到同样结果，此外还将其扩展至比较复杂的形势。在这一过程中，我们实际上是在寻求将各种不同形势联系在一起的相似性，以便把在某种特定形势下推导出的结论应用于其他类似形势。值得注意的是，这类研究不是描述性而是规范性的，这意味着处于竞争形势下的参与者研究博弈理论的目的，在于了解其对手在特定形势下如何选择策略。在这个意义上，可知这类研究正是在寻求"相似的"形势。

不过有些读者可能不赞成上述研究是演绎推理而不是归纳推理，因为就难以置信的威胁进行推理的起点是某些特定原则。我认为，这种认识未能反映推理的全部过程。相似性的规范性基础具有演绎性质。例如：参与者所获报酬的差距是"演绎性"的，然而，这一推理过程还不止于此。我们依据经验检验自演绎推理得到的相似性结论，这种检验有时依据直觉，有时采取对理论进行实际检验的正规方式。

以下用两个例子加以说明。图 6.6(a)是图 5.4(b)的翻版。根据正向引导理论，参与者 B 在这种形势下将选择 r，因为 B 认为 A 将选择 M，以获取报酬 3。在与图 6.6(a)对应的策略型博弈模型，重复进行优势策略分析，可以得到相似结论。（对 A 来说，策略 L 与 R 相比，前者具有绝对优势：一旦 R 被淘汰，对 B 来说，策略 r 比 l 具有微弱优势。）我们是否相信这一预测的有效性？显然，这个问题应当透过实践检验。

但是不难想象，某些资料能够证实这一预测。然而，还有一个问题有待解决。进行上述预测的理论依据是什么？是依据重复分析优势策略的理论？还是依据其他更为一般化的理论？

如图 6.6(a)，A 预测 B 将选择 r，此种预测的依据是一种非常复杂的理论,即策略稳定性理论(the theory of strategic stability, Kohlberg and Mertens, 1986)。解释这一理论超出本书范围,但可以肯定,这一理论同样应用于图6.6(b)。在这一博弈过程中,如果A相信策略稳定性理论,他便可以肯定,B在图6.6(b)下部的信息线上将选择r,B在图上部的信息线上将根据随机原则在x和y之间作出选择(选择每一种策略的概率是50%)。根据如上预测,A的最优选择是M。

这里的问题是,我们(或A)是否相信这一理论?我们(或A)是否接受这一理论所表明的原则,即图6.6的两个博弈过程,就其策略上的重要特征而言,是否具有相似性?从本质上说,我们(或A)是否接受这种策略特征的相似性?总之,读者对于上述理论是否适用于图6.6可以提出各种假设,因为这一理论以及相似性这一概念是否有效,需要经受实践检验。

下面看第二个例子。这个例子可能使某些问题趋向复杂化,但它有助于说明怎样进行演绎推理。如图6.1,那是应用演绎推理求解的典型博弈模型。首先应用逆向引导寻求解技术,在给定条件下,乙将选择R,因而甲可以很放心地选择D。这里的问题是,为什么我们(或甲)认为乙将选择R?可以将图中的数字看作参与者所得报酬;数字从大到小的排列,反映了参与者的选择顺序。由此可知,如果乙不选择策略R,图中的数字便会改变。也可采用另一种表达方式,即假定图中数字代表参与者所得的美元数量。我们(或甲)可以进行如下演绎推理:乙认为即使所得报酬为0也比倒赔一美元强,所以乙选择R。

一旦采用如上方法解释怎样根据演绎推理预测参与者的选

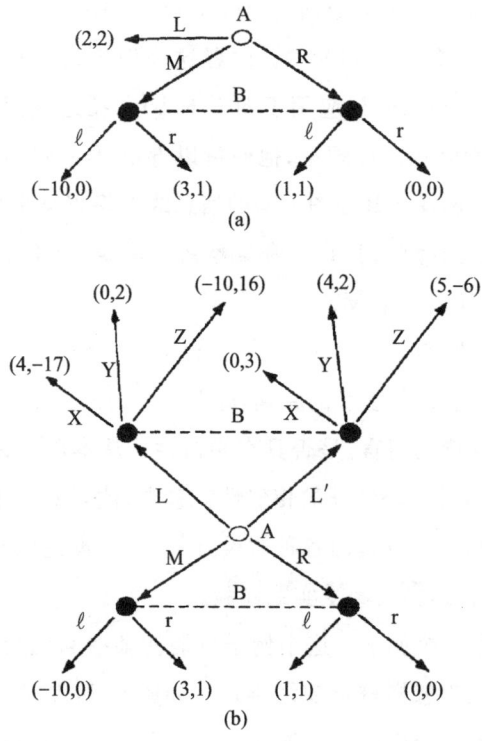

图 6.6 两个"正向引导"的博弈过程

择,便可看出借鉴性的重要意义。如图 6.7(图 5.8(a)的翻版),假定图中数字代表参与者所获美元数量,根据逆向引导原则进行演绎推理可知,B 将接受 A 的方案。因此,A 在第一回合应该要求获得 8.5 美元。由第五章可知,经验告诉我们,不应作这种"演绎推理"。如果以一种更为复杂的情况为例,即以第五章讨论的双方讨价还价博弈过程为例,根据有关文献(Ochs & Roth,1989)可知参与者的选择不同于一般性的预测,因为并非所有参与者都期望获得较多的货币报酬。

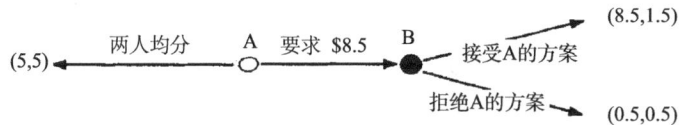

图 6.7　双方讨价还价的博弈模型

读者可能会问,逆向引导原则在实践中究竟是否有效？此处令人怀疑的并非是逆向引导原则,而是下述命题：参与者总是期望获得较多的货币。然而,演绎推理过程必不可避免地要包括这类命题。因而,较为准确的说法应当是,演绎推理本身并不是参与者具有借鉴性特征的突出表现,应用这一过程进行预测才反映借鉴性特征。

博弈论的其他问题

在一般博弈过程中,往往存在明确的策略组合(正因为如此,进行有关纳什均衡的分析才具有合理性)。以上着重说明,从参与者具有的有限理性和借鉴性特征入手,去理解以上现象的必然性,大有裨益。

以上分析使我们得以遵循一种正确的方法,去探索一种概念,这种概念应该比纳什均衡所要求的条件宽松。我们曾经讨论过提出最大整数的博弈过程以及图 6.3 的博弈过程,这两种形势都表明有必要形成一种概念以反映如下事实：博弈过程的一部分回合中可见明确的策略组合,而在另一部分回合可能不存在明确的策略组合。应把以上提到的两种博弈实例加以区分。如图 6.3，我们期望有一种求解概念反映以下想法：在参与者较少涉及的博弈回合——指与纳什均衡无关的部分——没有必要要求明确的策略组合；因此，参与者对这些回合所作的预测可能各不相同。在两个参与者提出最大整数的亚博弈过程，或者就一般意义而言，假定经济生活就是一种复杂的博弈过程，其中某些可能分离的博弈回合存在着明确的策略组合。在这种形势下，我们期望有一种求解概念。根据这种概念，一部分求解过程是明确的，而另一部分则不明确。这里我不打算对以上问题作充分讨论，只是稍加说明，以便读者有所了解。纳什均衡这一概念可能过于严格，因而，在证明及解释这一概念时应当持有批判意识，即在其要求过于苛刻时，应该放弃这一概念。

第五章曾经讨论了博弈论存在的各种问题，以下着重说明根据本章介绍的研究方法怎样分析这些问题。

不均衡的行为

一般情况下，如果参与者在博弈过程采取的行动与均衡状态无关，则表示局中人对应当采取的策略组合有不同的期望，他们正在学习怎样预测对手的行动。由此可知，不均衡状态的出现反映了参与者的学习过程。因此，在这种形势下预测参与者的行动，被认为是一种不切实际的做法。然而，这并非意味着理解我们在这种形势下可以进行这种研究是不重要的。事实上，研究工作者面临的重要任务之一，就是发现一种适当的方法，使经济学摆脱无所不在的充分均衡（complete equilibrium）状态。

淘汰过程

第五章讨论与淘汰均衡有关的问题时曾经指出,我们应当理解为什么会出现反均衡的行动。如果我们能够详细了解相关的动态过程,即参与者学习怎样预测对手的行动以及他们自身应当采取何种策略,我们可以发展一种包含反均衡行动在内的完整理论。根据本章介绍的研究方法,这种完整的理论必不可少。

例如:在富登伯格与克雷普斯的模型中(1990),反均衡理论的行动恰恰是参与者的实验过程,参与者正是透过实验收集有关对手的信息。在他们的模型中,根据亚博弈的完善进行均衡的淘汰是一个自然过程。与此同时,我们可以对学习过程作更多限制,从而证明连续平衡也可以进行淘汰。不过,根据正向引导方式进行淘汰的合理性,仍然有待于进一步证实。如果反均衡的行动是参与者的实验过程,参与者期望采取较为经济的实验方式,博弈过程将证实迈尔森的分析是正确的。

由于篇幅所限,这里不可能再作详细论述。我的基本看法是,本章介绍的研究方法促进了完整理论以自然方式的产生,因而有助于研究均衡的淘汰。

选择均衡的其他手段

除了淘汰手段,根据本章介绍的研究方法,至少还有其他两种手段可以帮助我们进行均衡的选择。

第一种是运用借鉴手段选择均衡,如同罗思和斯考梅科的实验所证明的,参与者过去的经验有助于他们决定如何选择策略。

参与者依照"惯性"(inertia)进行均衡的选择,这几乎可以认为是完全依靠直觉选择。

第二,我认为,有关相似性的研究将帮助我们理解选择均衡的过程。特别是在那种不断发展的博弈关系中,更是如此。任何形势(指社会背景及环境)都不是一成不变的,特定的社会习俗以及参与者惯用的特定妥协手段往往只适用于某一类形势,这里所说的适用是指这些社会习俗以及妥协手段可以清楚地告诉参与者怎样选择策略。

现举例说明。在斯坦福大学商学院共有七个专业分别培养博士研究生。每个专业中的师生关系都有所不同,不同专业的师生关系与同一专业的师生关系相比,往往相互承担较多的责任,并且存有更多的期望。例如:与经济学专业和组织行为专业相比,会计专业对于学生选定论文题目以及寻找雇主等都有比较严格的时间要求。可以将这种形势理解为是多种纳什均衡中的一种。但是我认为,与其他专业相比,会计专业的研究过程具有较强的同质性,正是这种特征使其均衡具有较高效率。

如果读者仍然记得本书曾经讨论的一个实例,即参与者在存在干扰的形势下重复博弈,你会看到与上述形势类似的情况,即存在较少干扰时,参与者可以最有效地建立各自的声望和其他类似结构。如果读者熟悉交易成本经济学(transaction-cost economics),可知上述形势符合以下原则:最成功的交易是最大限度地减少成本以及最大限度地获取利润。同理,参与者的均衡期望(equilibrium expectations)总是最大限度地减少为实现均衡状态所支付的代价,这种代价起因于各种不正确的期望。

博弈规则

无论何时,只要有人在特拉维夫大学经济系介绍如何运用博弈论分析经济形势,一位名叫阿巴·施瓦茨(Abba Schwartz)的教授总要提出反对意见。他的意见是:"如果参与者这么聪明,他们为什么要进行这种愚蠢的博弈?他们为什么不改变博弈规则,以便能够得到较好的博弈结果?"由于他反复提出这个问题,他的提问仿佛成了例行仪式。大部分演讲者都表示,他不应该提出这个问题。事实上,阿巴·施瓦茨提出的问题很重要。在这里,读者将理解怎样透过否定有关的前提来解决这一问题。参与者之所以进行"愚蠢的"博弈,是因为他们并非像我们在分析中指出的那么聪明。博弈规则实际上类似于参与者的均衡期望,即谁在何时选择策略,哪个参与者提出哪一种合同,参与者的竞争集中于哪些变量,哪些法律为参与者的交易提供了相应背景;所有这些都是具有有限理性和借鉴性特征的个人经历了长期经验的产物。最大限度地获取利益是交易成本经济学的基本原则,这个原则在这里具有指导意义。我们凭借直觉观察到的惯性,反映了存在于均衡期望中的惯性。我们努力探索更为具有效益的制度。例如:制度的逐渐演化,怎样使各类制度适应发生骤变的形势,有意识有目的地打破各种陈腐的均衡模式,并主动进入不均衡状态等等。上述各种探索方式恰恰反映了参与者改变平衡的期望。

含混不清的博弈方案

第五章曾经指出,博弈论要求明确的博弈规则。我在本书曾多次指出，我们期望"均衡结果"（equilibrium outcomes）不要过分敏感，即博弈规则的微小变化不至于改变均衡结果。这样，在博弈方案含混不清时，我们仍然可能预测参与者的行动。然而，根据参与者轮流提案的实例，以上期望似乎是一种幻想。因为任何博弈规则的微小变化，都在很大程度上改变了根据理论推导出的均衡结果，我在第五章曾经设想一种解决以上问题的办法，即详细说明有关两个参与者的不完整信息，并希望博弈结果表明，在此种条件下，对博弈规则稍作改动也无碍大局。这个办法是否行得通，目前尚无法断言。

假如实践证明以上设想行不通，我并不感到过分遗憾。因为即使此种办法可行，也是事倍功半。另外一种可能的解决办法是假定参与者并非总是选择最优策略，他们可能在某些情况下采取次优策略；同时假定每个参与者依据自己在"相似"形势下的经验选择策略。在这种形势下，参与者受自身经验所限，对其对手所作的策略期待以及对于"相似"形势的判断将有所变化。由于这种变化，博弈规则的改变便无碍大局。上述解决办法似乎过于简单，因而其结论未必可靠。真正可行的解决办法是建立一种中层理论，这种中层理论的基础既不是超理性行为，也不是纯粹依据经验得出的相似性认识以及策略期望。恰当的理论基础应当介乎两者之间。一旦建立了这种中层理论，便有可能解决博弈方案含混不清的问题。

结　束　语

在过去的一二十年,本书第三章与第四章介绍的非合作博弈理论在经济学领域取得了长足进展。这种理论为我们提供了一种清晰准确的语言,以研究各种不同的问题。除此之外,与"相似性"有关的各种概念,使经济学家得以将一种特定形势下的结论应用于另一种形势,从而不断丰富原有的结论。然而,就某种意义而言,这种均衡分析已被过分使用;特别是在某些有关参与者行为的假设条件下,均衡分析本来并不适用。究竟何时使用均衡分析,以及怎样进行这种分析,我们应当保持清醒的认识。

为了正确认识以上问题,必须分析我们对参与者行为提出的各种假设,并且重新思考应当怎样模拟个人在复杂的动态结构中采取的行动。这表明我们面临着某些经济理论上最难解决的问题。事实上,解决这些问题的过程已经开始,并且已经取得某些成果。尽管就总体而言,我们对某些重要问题的理解尚难令人满意;但令人高兴的是,我们与以上目标之间的距离正在逐渐缩短。

参 考 资 料

Abreu,D. , and Rubinstein, A. (1988). "The Structure of Nash Equilibrium in Repeated Games with Finite Automata". *Econometrica*, 56: 1259—1282.

Admati,A. (1989). "Information in Financial Markets: The Rational Expectations Approach". In S. Bhattacharya and G. Constantinides (eds.), *Financial Markets and Incomplete Information: Frontiers of Modern Financial Theory* (Totowa, N. J. : Roman & Littlefield), 139—152.

Aumann,R. , and Shapley, L. (1976). "Long Term Competition: A Game Theoretic Analysis". Mimeo. Rand Institute.

Ausubel,L. , and Deneckere,R. (1989). "Reputation in Bargaining and Durable Goods Monopoly". *Econometrica*, 57: 511—532.

Bain,J. (1956). *Barriers to New Competition*. Cambridge, Mass. : Harvard University Press.

Banks, J. , and Sobel, J. (1987). "Equillibrium Selection in Signalling Games". *Econometrica*, 55: 647—662.

Blume,L. , and Easley,D. (1982). "Learning to Be Rational". *Journal of Economic Theory*, 26: 340—351.

Bray, M. (1982). "Learning, Estimation, and the Stability of Rational Expectations". *Journal of Economic Theory*, 26: 318—339.

——(1990). "Rational Expectations, Information, and Asset Markets". In F. Hahn (ed.), *The Economics of Missing Markets, Information, and Games* (Oxford: Oxford University Press), 243—277.

——and Kreps,D. (1987). "Rational Learning and Rational Expectations". In G. Feiwel (ed.), *Arrow and the Ascent of Modern Economic Theory*

(New York:New York University Press), 597—625.
Brown,G. (1951). "Iterative Solution of Games by Fictitious Play". In *Activity Analysis of Production and Allocation* (New York:John Wiley & Sons).
Camerer,C. , and Weigelt, K. (1988). "Experimental Tests of a Sequential Equilibrium Reputation Model". *Econometrica*,56:1—36.
Cho, I. — K. ,'and Kreps, D. (1987). "Signaling Games and Stable Equilibria". *Quarterly Journal of Economics*,102:179—221.
Cournot,A. (1838). *Recherches sur les principes mathématiques de la théorie des richesses*. Translated into English by N. Bacon as *Researches in the Mathematical Principles of the Theory of Wealth*. London: Haffner, 1960.
Crawford,V. , and Haller,H. (1988). "Learning How to Cooperate:Optimal Play in Repeated Coordination Games". Mimeo. University of California at San Diego. Forthcoming in *Econometrica*.
Friedman,D. (1990). "Evolutionary Games in Economics". Mimeo. University of California at Santa Barbra. Forthcoming in *Econometrica*.
Friedman,J. (1971). "A Noncooperative Equilibrium for Supergames". *Review of Economic Studies*. 28:1—12.
——(1977). *Oligopoly and the Theory of Games*. Amsterdam: North-Holland.
Fudenberg,D. ,and Kreps,D. (1990). "A Theory of Learning, Experimentation, and Equilibrium in Games". Mimeo. Stanford University Graduate School of Business.
——and Levine,D. (1989). "Reputation and Equilibrium Selection in Games with a Patient Player". *Econometrica*,57:759—778.
——Kreps,D. , and Levine, D. (1988). "On the Robustness of Equilibrium Refinements". *Journal of Economic Theory*,44:354—380.
Gale,D. (1986). "Bargaining and Competition,Parts Ⅰ and Ⅱ". *Econometrica*,54:785—818.
Grandmont,J.-M. (ed.) (1988). *Temporary Equilibrium*. Boston, Mass. : Academic Press.
Grossman,S. (1989). *The Informational Role of Prices*. Cambridge, Mass. :

MIT Press.
Gul,F., Sonnenschein,H., and Wilson,R. (1986). "Foundations of Dynamic Monopoly and the Coase Conjecture". *Journal of Economic Theory*,39: 155—190.
Harsanyi,J. (1967—1968). "Games with Incomplete Information Played by Bayesian Players". *Management Science*, 14: 159—182, 320—334, 486—502.
——(1973). "Games with Randomly Disturbed Payoffs: A New Rationale for Mixed-Strategy Equilibrium Points". *International Journal of Game Theory*,2:1—23.
——and Selten, R. (1988). *A General Theory of Equilibrium Selection in Games*. Cambridge,Mass. :MIT Press.
Hellwig,M. (1986). "Some Recent Developments in the Theory of Competition in Markets with Adverse Selection". Mimeo. University of Bonn.
Kalai,E., and Stanford, W. (1988). "Finite Rationality and Interpersonal Complexity in Repeated Games". *Econometrica*,56:397—410.
Klemperer,P.,and Meyer,M. (1989). "Supply Function Equilibria in Oligopoly under Uncertainty". *Econometrica*,57:1243—1278.
Kohlberg,E., and Mertens,J.-F. (1986). "On the Strategic Stability of Equilibria". *Econometrica*,54:1003—1038.
Kreps,D. (1990). *A Course in Microeconomic Theory*. Princeton, N. J.: Princeton University Press.
Ledyard,J. (1986). "The Scope of the Hypothesis of Bayesian Equilibrium". *Journal of Economic Theory*,39:59—82.
McAfee,P.,and McMillan,J. (1987). "Auctions and Bidding". *Journal of Economic Literature*,25:699—738.
McKelvey,R.,and Palfrey,T. (1990). "An Experimental Study of the Centipede Game". Mimeo. California Institute of Technology.
Marcet,A., and Sargent,T. (1989). "Convergence of Least Squares Learning Mechanisms in Self-Referential Linear Stochastic Models". *Journal of Economic Theory*,48:337—368.
Marimon,R., McGrattan,E., and Sargent,T. (1989). "Money as a Medium

of Exchange in an Economy with Artificially Intelligent Agents". Mimeo. The Santa Fe Institute.

Milgrom, P. (1989). "Auctions and Bidding: A Primer". *Journal of Economic Perspectives*, 3:3—22.

——and Roberts, J. (1988). "Rationalizability, Learning, and Equilibrium in Games with Strategic Complementarities". Mimeo. Stanford University Graduate School of Business, forthcoming in *Econometrica*.

——(1990). "Adaptive and Sophisticated Learning in Repeated Normal Form Games". Mimeo. Stanford University Graduate School of Business.

Nash, J. (1950). "The Bargaining Problem". *Econometrica*, 18:155—162.

——(1953). "Two Person Cooperative Games". *Econometrica*, 21:128—140.

Newhouse, J. (1982). *The Sporty Game*. New York: Knopf.

Neyman, A. (1985). "Bounded Complexity Justifies Cooperation in the Finitely Repeated Prisoners' Dilemma". *Economic Letters*, 19:227—229.

Ochs, J., and Roth, A. (1989). "An Experimental Study of Sequential Bargaining". *American Economic Review*, 79:355—384.

Osborne, M., and Rubinstein, A. (1990). *Bargaining and Markets*. Boston, Mass.: Academic Press.

Porter, M. (1983). *Cases in Competitive Strategy*. New York: Free Press.

Rasmussen, E. (1989). *Games and Information: An Introduction to Game Theory*. New York: Basil Blackwell.

Roth, A. (1979). *Axiomatic Models of Bargaining*. Berlin: Springer-Verlag.

——and Schoumaker, F. (1983). "Expectations and Reputations in Bargaining: An Experimental Study". *American Economic Review*, 73:362—372.

Rothschild, M., and Stiglitz, J. (1976). "Equilibrium in Competitive Insurance Markets: An Essay on the Economics of Imperfect Information". *Quarterly Journal of Economics*, 90:629—650.

Rubinstein, A. (1982). "Perfect Equilibria in a Bargaining Model". *Econometrica*, 50:97—110.

——(1986). "Finite Automata Play the Repeated Prisoner's Dilemma". *Journal of Economic Theory*, 39:83—96.

——(1989). "Competitive Equilibrium in a Market with Decentralized Trade and Strategic Behavior: An Introduction". In G. Feiwel (ed.), *The Economics of Imperfect Competition and Employment: Joan Robinson and Beyond* (London: Macmillan Press, Ltd.), 243—259.
Schelling, T. (1960). *The Strategy of Conflict*. Cambridge, Mass.: Harvard University Press.
Selten, R. (1965). "Spieltheoretische Behandlung eines Oligopolmodells mit Nachfrägetragheit". *Zeitschrift für die gesamte Staatswissenschaft*, 12: 301—324.
——(1975). "Reexamination of the Perfectness Concept for Equilibrium Points in Extensive Games". *International Journal of Game Theory*, 4: 25—55.
——and Stoecker, R. (1986). "End Behavior in Sequences of Finite Prisoner's Dilemma Supergames". *Journal of Economic Behavior and Organization*, 7: 47—70.
Shapley, L. (1964). "Some Topics in Two-Person Games". *Advances in Game Theory, Annals of Mathematical Studies*, 5: 1—28.
Spence, M. (1974). *Market Signalling*. Cambridge, Mass.: Harvard University Press.
Stahl, I. (1972). *Bargaining Theory*. Stockholm: Economic Research Institute.
Stiglitz, J., and Weiss, A. (1991). "Sorting out the Differences between Screening and Signalling Models". In M. Bacharach et al. (eds.), *Oxford Essays in Mathematical Economics* (Oxford: Oxford University Press).
Sultan, R. (1975). *Pricing in the Electrical Oligopoly*. Boston, Mass.: Harvard Graduate School of Business Administration.
Sylos-Labini, P. (1962). *Oligopoly and Technical Progress*. Cambridge, Mass.: Harvard University Press.
Tirole, J. (1988). *The Theory of Industrial Organization*. Cambridge, Mass.: MIT Press.
Von Stackelberg, H. (1939). *Marktform und Gleichgewicht*. Vienna: Julius Springer.

Wilson, R. (1977). "A Bidding Model of Perfect Competition". *Review of Economic Studies*, 44:511—518.

Zermelo, E. (1913). "Über eine Anwendung der Mengenlehre auf die Theorie des Schachspiels". *Proceedings, Fifth International Congress of Mathematicians*, 2:501—504.

图书在版编目(CIP)数据

博弈论与经济模型/(美)戴维·M.克雷普斯著;邓方译.—北京:商务印书馆,2018(2025.12重印)
(经济学名著译丛)
ISBN 978-7-100-15876-3

Ⅰ.①博… Ⅱ.①戴…②邓… Ⅲ.①经济模型—博弈论—研究 Ⅳ.①F224.0

中国版本图书馆 CIP 数据核字(2018)第 036026 号

权利保留,侵权必究。

经济学名著译丛

博弈论与经济模型

〔美〕戴维·M.克雷普斯 著
邓方 译

商 务 印 书 馆 出 版
(北京王府井大街36号 邮政编码100710)
商 务 印 书 馆 发 行
北京盛通印刷股份有限公司印刷
ISBN 978-7-100-15876-3

2018年6月第1版 开本 850×1168 1/32
2025年12月北京第4次印刷 印张 5¾

定价:48.00元